瘟疫文學鼻祖

笛福

從商卻破產、寫反動文被關、一部《大疫年紀事》引發社會動盪，《魯賓遜漂流記》作者跌宕起伏的一生

Daniel Defoe

威廉·明托 —— 著

孔寧 —— 譯

目錄

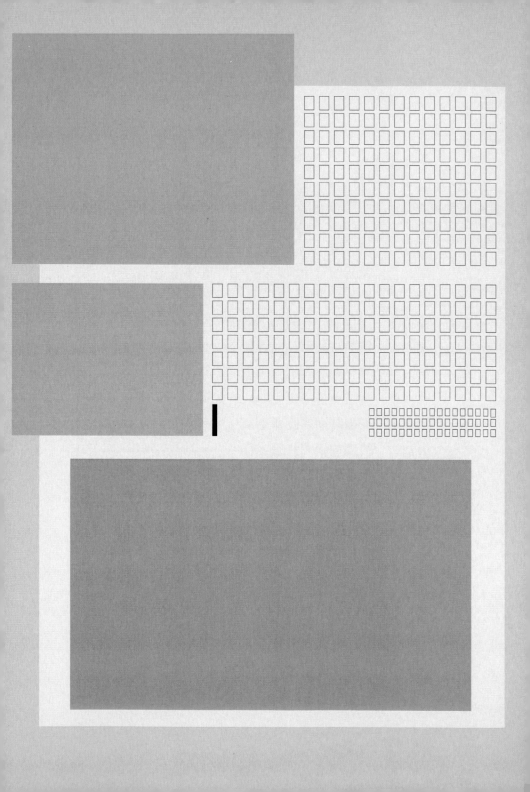

前言

　　關於笛福的傳記，市面上已出版諸多版本。第一本笛福傳記是喬治·查爾默斯[1]在 1786 年出版的，第二本笛福傳記是沃爾特·威爾森[2]在 1830 年出版的，第三本笛福傳記是威廉·李[3]在 1869 年出版的。三個版本的笛福傳記皆為三位作者耗盡心力與大量時間，進行獨立研究與發現之後創作而成。據考證，笛福生前創作了約 250 本書和宣傳冊，但署名的作品卻鳳毛麟角，因此若想對其作品進行全面細緻的研究，則需耗費大量心血。即使全部完成，也會發現這些笛福創作的作品，仍然存在許多爭議。也許，在這個世界上，沒有哪兩個人能夠真正讀完他那些匿名或用筆名出版的作品，整體來說，這是關於笛福全部作品方面達成的共識。不過，幸運的是，對於那些對笛福的人生與品格有著清楚認知的人們而言，這樣的認同絕對不是按照一些內部證據去進行猜測而得出的結論。笛福有時會將自己的名字或是名字大寫字母縮

1　喬治·查爾默斯（George Chalmers, 1742-1825），蘇格蘭古文物研究者、作家。

2　沃爾特·威爾森（Walter Wilson, 1781-1847），英國傳記作家、牧師。

3　威廉·李（William Lee, 1815-1883），愛爾蘭作家。

PREFACE

寫，署名於自己的某些作品上，然後將其他作品的作者
身分當作一個公開的祕密。不過，在已確定的笛福作品
中，我們也可以對其人生觀與行為準則有一個較為全面
的了解。遺憾的是，已出版的眾多笛福傳記版本中，作
者竭盡全力的研究往往集中在細枝末節之處，因此對笛
福的人生核心思想並未形成清楚的認知，對他在宗教、
政治以及英雄崇拜等方面的偏見缺乏必要的闡述。在創
作本書時，我將威廉·李寫的笛福傳記作為我在編撰笛
福生平時間順序方面的參考與指引。我在大英圖書館閱
讀了所有已被確定的笛福作品，掩卷沉思，我更加篤
定，迄今為止我們仍無法收集笛福的全部作品。我們只
能在現有的基礎上，努力探究那個歷史背景下發生的與
笛福傳奇人生相關的許多蛛絲馬跡吧。

威廉·明托

1879 年 1 月

第一章
笛福的青年時期與早年的追求

第一章　笛福的青年時期與早年的追求

　　文人的一生並不總是豐富多彩。一些文人在精神體驗方面感想豐富，卻在現實生活中唯唯諾諾，裹足不前。他的傳記作家卻竭力傳遞給想了解傳主故事的人們，他的創作習慣是什麼？他是怎樣說話的？他是如何履行對家人、鄰居及其本人的職責的？他在關於人類命運這些重大問題上的看法是什麼？我們想要知道他說過什麼話，寫過哪些文章，而非想去了解他在書房、家庭或社會層面以外的其他事情。關於笛福這一生中對社會有影響的行為裡，最直觀的外在表現就是他出版的那些著作。

　　丹尼爾·笛福可能是名人當中的特例：他不僅是一位文人，而且還是一位在現實生活中積極投身社會運動的社會運動家。讓他在文學歷史上獲得不朽名聲的作品，對他來說只能算是他人生中一個無心插柳的結果。對笛福來說，文學創作只是他旺盛生命力在諸多領域內的一種局部綻放而已。當他創作《魯賓遜漂流記》[4] 一書的時候，已年近六十。在那之前，他曾當過

4　《魯賓遜漂流記》（Robinson Crusoe，又譯作魯賓孫漂流記。直譯作魯賓遜·克魯索），是一部由丹尼爾·笛福 59 歲時所著的第一部小說，並成為其代表作，後成為傳世經典作品。首次出版於 1719 年 4 月 25 日。這本小說被認為是第一本以日記形式寫成的英語小說，享有英國第一部現實主義長篇小說的頭銜。原書名為：《*The life and strange surprizing adventures of Robinson Crusoe, of York, mariner: who lived eight and twenty years all alone in an un-inhabited island on the coast of America, near the mouth of the great river of Oroonoque; having been cast on shore by shipwreck, wherein all the men per-ished but himself.*》直譯為《關於一名叫做魯賓遜·克魯索，誕生於約克鎮，並且因為船難而獨活在一個美洲海岸邊、接近奧里諾科河河口的小島長達二十八年的水手的陌生又奇妙的冒險故事》。由於過長，通常簡稱為《魯賓遜漂流記》。

革命者、商人、製造商、流行諷刺文章的作家以及破產者。他曾擔任過公共委員會的祕書，在連續五屆政府裡肩負著收集祕密情報的工作。除此之外，他還寫過難以計數的宣傳冊，擔任過不止一家報紙的編輯。事實上，笛福就像他所崇拜的那些英雄一樣，過著冒險又豐富多彩的生活。他總是能夠以冷靜與豐富的智慧去解決諸多的人生難題。

　　我們必須要感謝笛福將自己人生中所遭遇的眾多事情記錄下來。他身上有一種充滿生命力的冒險精神與氣質，喜歡講述自己人生中的冒險故事。在他的眾多作品裡，我們可以找到一些零散的資訊，並且根據這些資訊去逐步勾勒出他相對完整的人生輪廓，並付諸文字形成傳記。對於每一個嘗試去記錄笛福

　　小說講述了一位海難的倖存者魯賓遜在一個偏僻荒涼的熱帶小島—特立尼達拉島上度過 28 年的故事，而其夥伴是主角從食人族手中救下的一個被俘虜的土著人。這個故事的創作一般認為是由蘇格蘭人亞歷山大‧塞爾科克的親身經歷所啟發，亞歷山大‧塞爾科克曾流落於智利南太平洋島的一個叫做 Más a Tierra 的小島四年之久（該島於 1966 年更名為魯賓遜‧克魯索島），是智利胡安‧費爾南德斯群島中的第二大島。

　　在 19 世紀末，西方文學中還沒有哪部書比《魯賓遜漂流記》有更多的版本、衍生品、譯文，後者甚至有 700 多種改編，包括無文字的兒童圖書。

　　笛福繼續寫了一些不出名的續集，如《魯賓遜‧克魯索的更多漂流記》(*The Farther Adventures of Robinson Crusoe*)。該書原本是小說的最後一部分，根據第一版原先的封面頁上這是第三部分，即後加的《魯賓遜‧克魯索對人生和冒險的嚴肅回顧，以及他預見的神間世界》(*Serious Reflections During the Life and Surprising Adventures of Robinson Crusoe, With His Vision of the Angelic World*)；基本上，這部分主要是道德論述，並賦以克魯索的名字以增添吸引力。

人生的傳記作家來說，這都是一大優勢。不過，我們會對他留下的這些文章的真實性抱持一種懷疑的態度。從多個角度來看，笛福都是一位非常擅長講故事的人。如果這些文章只是存在於他個人留下的紀錄的話，我們很難完全採信他的紀錄，畢竟每個人都會習慣性地美化自己。

1661 年，笛福生於英格蘭倫敦。有趣的是，現在世人所熟悉的笛福（Defoe）這個名字，其實並不是他的本名，因為這個名字是他後來幫自己取的。他的父親是克里波門聖吉爾斯地區教區的一名屠夫，他的姓氏是福（Foe）。他的祖父是北安普頓郡的一名自耕農。在他的《道地英國人》一書裡，笛福就用輕蔑的口吻談論著他這個宣稱具有「諾曼貴族血統」的家族，對他們的祖先是鼓手或是陸軍上校的說法進行駁斥。不過，笛福顯然是出於個人的虛榮心，希望世人認為他是一個具有法國諾曼血統的貴族後裔。但是，對於笛福這樣一個精力充沛又追求完美的人來說，他絕對不會容忍自己原先的名字跟隨自己終生。大約在他四十歲的時候，他就將自己的簽名從「D. 福」，改為了「笛福」。但是，威廉·李這位具有耐心的傳記作家卻發現，笛福在這之後的許多文章裡，都是以「D. 福」或是「D.F.」等簽名來代表自己，有時甚至會使用「丹尼爾·笛·福」或是「丹尼爾·笛福」。後來，「丹尼爾·笛福」就成為笛福在文學領域內廣為人知的一個代號了。

當笛福中年的時候，經常有人會嘲笑他缺乏學識。每當遇到這種情況，笛福總是會幽默地表示，如果他真的是一個笨蛋，也不能怪他，只能怪在他父親的頭上，因為他的父親「從

來都不願意在讓他接受教育方面花一分錢，正因為如此，他才無法成為布朗那樣學識淵博的人。」笛福的父親是一位非國教徒[5]，是安斯利牧師所在教會的成員。笛福原本想要成為一名非國教牧師，「但是，這對我來說是一場災難。因為我後來發現，自己對成為牧師一點都不感興趣。」笛福年輕的時候，曾在一所神學院裡接受過成為牧師的訓練，當時的他大約只有十四歲，並且要在那裡接受五年的教育。在訓練結束之後，笛福也解釋了他沒有成為站在講臺上發表布道演說的牧師，而是改變了自己的人生目標，下定決心要投身商業，成為一名長襪商人的原因。關於這方面，笛福做出了很多解釋，但整體來說，還是因為在他看來，牧師這個職業在當時的社會環境下，既不是一份光榮的職業，也不是一份有趣的職業，更不是一份可以賺大錢的職業。笛福認為，因為有太多資質很差的人成為牧師，導致整個牧師團隊的水準已經很低了。很多牧師都是單純因為獲得了教會頒發的證書而當上牧師的，他們根本就缺乏身為基督徒所應擁有的學識。因此，這些牧師根本沒有能力真正地集結教眾聚會，或是得到較多教眾的捐助。除此之外，普通教眾對一般牧師的看法，都是持反感態度的，流露出一種非基督徒應有的精神。最後，那些真正有能力的人都不會選擇去做牧師，而是另謀高就。再加上倫敦地區的牧師職位，通常都會被

---

5 非國教徒（Nonconformist），也可譯為不從國教者。是對英國基督教新教中拒不參加國教會的教會及其信徒的總稱。16 世紀，英格蘭在亨利八世時期進行宗教改革，脫離天主教會，成立國教會（聖公會），並將其規定為英國國教，要求所有臣民必須信奉國教，並尊國王為英國教會之首。但非國教的教派及信徒不肯服從，被稱為「非國教徒」。

第一章　笛福的青年時期與早年的追求

那些來自其他地方的人所占據。「來自英格蘭各地的牧師都會聚集在這裡。」其中一些牧師來自蘇格蘭，他們在取得任何正式任命之前，就已經先來到這裡了。因此，想要在倫敦這座大城市裡擔任牧師，競爭是相當激烈的。

　　雖然，笛福將他在紐因頓·格林地區莫頓[6]先生創辦的學校中所接受的教育，稱作「無所事事地消磨時間」，並稱當時學校的教育方式只能激發他內心的鄙視之情，但他還是對莫頓老師的優秀能力表達了敬意。除笛福之外，莫頓所教育的其他幾位學生，也都表達過類似的看法。從某個層面來看，莫頓的教育方法的確要比當時其他學校的教育方式更好。莫頓要求學生的所有論文都必須要以英文書寫，在進行辯論時，也必須使用英文。因此，正如笛福所說，雖然莫頓的很多學生「在語言學習方面做得不是很好」，但是「他們在英文的掌握方面都做得非常不錯，並且比當時任何學校做得還要好」。至於笛福是否在紐因頓的這間學校裡掌握了基本的寫作技能，我們如今已無從知曉。但是，對於笛福日後所展現出來的文學才華，我們的確不知道他到底是從哪裡學習到的。不過，很多接受過大學教育的人經常都會嘲笑他，將他貶低為「一個沒有文化的傢伙，不是真正的學者」。對於這樣的嘲諷，笛福非常反感。正因為如此，笛福也曾創作過一些文章，專門對此進行反駁。1705年，笛福難以壓抑內心的怒火，向約翰·圖欽[7]發起挑戰：「與他一

6　莫頓（Charles Morton, 1627-1698），英國著名教育家。他創辦的方言語言教育體系後被美國的哈佛大學沿用至今。

7　約翰·圖欽（John Tutchin, 1660-1707），英國社會運動家、記者、輝格黨

起對任何拉丁文、法文或是義大利文的作品進行翻譯對比，然後再進行橫向的交叉對比。每一本書的賭注是二十英鎊。」笛福還曾對以輕蔑口吻嘲笑他為「一個沒有文化的傢伙，一個沒人知道名字的文盲」的斯威夫特[8]，說：「他已經利用閒暇時間掌握了五門語言，並且一直保持著對這些語言的了解程度。雖然他無法撰寫任何法案放在他家門口，也無法在《評論》（Review）文章中使用拉丁文引言。」總而言之，笛福始終無法忘懷別人嘲笑他缺乏學識的行為。在威廉・李認定是笛福所創作的一篇文章（這篇文章刊登在《蘋果峰期刊》上），笛福談論了他對於「學識」的理解。下面，我將引用笛福在這篇文章裡所提到的部分內容：

「我還記得，幾年前，這個世界上有一個經常被斥責為缺乏文化的無知之人，很多人都嘲笑他是『沒有文化的人』，在這些人當中，就包括了在過去那個時代裡，被認為是身處上流社會的那些人物……」

「一次，我碰巧來到了這個人的書房，發現他正忙著翻譯關於描述第聶伯河[9]流域的文字，地圖上關於這條河流的文字

成員。

8　斯威夫特（Jonathan Swift, 1667-1745），英國愛爾蘭作家。他是一名諷刺文學大師，以《格列佛遊記》（*Gulliver's Travels*）和《一隻桶的故事》（*A Tale of a Tub*）等作品聞名於世。根據歷史記載，他有多重身分。包括神職人員、政治小冊作者、諷刺作家、作家、詩人和激進分子。

9　第聶伯河（Dnieper），又譯德尼伯河，全長 2,290 公里，為歐洲第四長的河流（僅次於伏爾加河、多瑙河與烏拉河）。它發源於俄羅斯首都莫斯科以西的瓦爾代南部沼澤，流經白俄羅斯和烏克蘭，出海口為黑海。在西元前 5 世紀，古希臘的歷史學家希羅多德已經有記載這條河流，稱波利斯科歐

都是用西班牙文寫成的。還有一次，我發現他正在翻譯一些講述天體運行規律的拉丁文字。身為一名天文愛好者，我想要看看他翻譯的是否準確。最後，我發現他非常精通拉丁文，並且能夠充分理解原作者想要表達出來的深奧含義。簡而言之，我發現他非常精通拉丁文、西班牙文與義大利語，並且還能讀懂希臘文。之前，我從未見過一個外國人能夠如此流利地說法語 —— 但是，這個人並不是學者！」

「在另一個場合，我聽到他談論關於科學方面的話題（他竟然還會談論這方面的事情，這實在讓我感到非常驚訝），是關於宇宙天體的運行、距離、體積、運轉週期以及行星之間相互影響的關係，還包括彗星運行的過程，以及全新宇宙哲學思想的演變歷程。但是，這個人並不是學者！」

「除此之外，他對地理與歷史也是瞭若指掌的。即便他是在談論世界上那些最為遙遠的國家，也都能夠如數家珍，以非常精確的資料將這個國家的情況介紹出來，並且還能將其他國家與地方一一闡釋清楚。他能夠說出每個國家所信仰的不同宗教以及當地的風土民情。他說得非常真實，彷彿他是那個地方土生土長的一樣。他不僅知道其他地方所發生的事情，還知道世界上其他地方的人正在做著什麼事情。我的意思是，他似乎知道在這個世界的其他角落裡，到底在進行著怎樣的商業活動，從事著什麼類別的工業製造，或是發生了什麼重大的事件。他的腦海裡似乎裝著人類各國的發展歷史與現狀。但是，這個人並不是學者！」

斯河（River Borysthenes）。

「因此，在很長的一段時間裡，我都在不斷地思考，世人所談論的這種學識，到底是什麼樣的一種東西呢？所謂的學者又是由什麼東西構成的呢？在此，我要說，一個人能夠掌握五門不同的語言，並且還能讀懂第六門語言，還掌握著與天文學、地理學、歷史學以及其他學科相關的知識（我不好意思直接說出這個人的名字，因為我是一個謙虛的人），但即便如此，世人仍然在說，這個人並不是學者！」

笛福在學校裡學到了多少知識，以及他日後出於經商的壓力，又學習了多少知識，我們無法進行具體評估。但不管怎麼說，笛福所掌握的知識，足以讓他根據公共事務寫下很多文章，並且超過了當年那些嘲笑他沒有文化的「學者」。

當笛福從莫頓的學校裡畢業時，不論他當時到底掌握了多少知識，這樣的知識已經足以讓他擔任一名牧師，只是他的內心身處不再想要去做牧師而已。不過，聰明的笛福不允許自己在學校裡學到的知識慢慢生鏽，因此他立即運用已經掌握的知識，投身到現實的生活當中。在紐因頓學院讀書的時候，笛福就對政治方面的話題非常感興趣，因此他們能夠找到很多可以討論的話題。他的很多同學都是非國教徒，因此他們很容易受到查理二世國王[10]與捍衛新教主義、民眾自由勢力之間鬥爭的影響。在查理二世國王統治的最後那幾年裡，笛福在這場鬥爭活動當中參與到了何種程度，我們只能進行一番猜測了。不

---

10 查理二世國王（Charles II, 1630-1685），蘇格蘭、英格蘭及愛爾蘭國王，屬於斯圖亞特家族，生前獲得多數英國人的喜愛，以「快樂君主」（Merrie Monarch）聞名。

過，可以肯定的是，笛福是站在民眾這一邊的。後來，笛福在所寫的一本宣傳冊裡表示，他與自己的黨派只是在一些細小的方面存在著分歧。當他加入這些黨派的時候，是絕對不希望看到土耳其的軍隊包圍維也納的，因為雖然奧地利人都是天主教徒，但土耳其人卻是站在匈牙利改革者那一邊，而奧地利政府當時曾大肆鎮壓這些改革者。笛福曾讀過有關土耳其這個國家的歷史，知道這個國家信奉的是伊斯蘭教，因此他每天都祈禱著，土耳其人絕對無法戰勝一個信仰基督教的國家 —— 不論這個基督教國家到底是信仰基督教的哪一個分支。「在那個時候，我只是一個年輕人，一個年輕的作家（此時是 1683 年），我反對土耳其人，並且公開發表文章表示反對。不過，我的文章卻遭受了很多人不友好的評論。」從笛福所寫的這些文字裡，我們可以看出，他很早就開始創作宣傳冊，根據一些時事問題表達自己的觀點與立場。當他站在實力偏弱的那一邊，或是寫出了任何可能會危及其性命的文字時，他應該是沒有署名，或是沒有署真實姓名的。否則他肯定是在劫難逃。正因為笛福在創作這些宣傳冊的時候沒有署名，因此想要知道他當年創作的宣傳冊的數量，以及究竟有哪些宣傳冊是他創作的，就成了一個無從破解的無頭公案。但是笛福在二十多歲的時候，就勇於稱自己為一名作家，由此可見他的心智成熟度還是非常高的。

　　事實上，笛福並不單純滿足於寫作。對於精力充沛的笛福來說，要是將全部的精力單純投入到寫作當中，這是對精力的巨大浪費。只是在那個充滿著政治陰謀與傾軋的時代裡，只有

寫作這種方式，才能讓他將胸中的感受徹底抒發出來。我們幾乎可以肯定的是，笛福在這個時候加入了一些祕密組織，並且參與了武裝反抗國王暴政的活動。笛福曾親筆寫過，他參加了蒙茅斯公爵[11]發動的起義。當時，查理二世已經將手上的權杖移交到了詹姆士二世這隻毒蠍手上。當事態處於安全可控的時候，笛福才站出來吹噓這件事。事實上，笛福所吹噓的這些事情之所以得到驗證，很大程度源於其他人在偶然的情況下給予的確認。這個確認的資訊源，就來自他當時在紐因頓讀書時的三位同學，這三位同學分別出現在傑佛瑞地區與柯克地區的起義犧牲者名單之上。

在躲過了這場針對所有起義者的抓捕行動之後，笛福從1685年開始，在康希爾[12]的弗里曼地區經營長襪生意。關於笛福具體從事什麼類別的商業活動，一直都是存在爭議的。但

---

11 蒙茅斯公爵（James Scott, 1st Duke of Monmouth, 1649-1685），原名詹姆士·克羅夫茨（James Crofts）或詹姆士·菲茨羅伊（James Fitzroy），是英國的一位貴族。他是英國國王查理二世最年長的私生子，是情婦露西·瓦爾特所生。他曾參加過第二次英荷戰爭。後來，率領英國軍隊參加第三次英荷戰爭。接著帶領一個英國、荷蘭聯合軍隊參加法荷戰爭。1685年，他發動蒙茅斯叛亂，試圖推翻叔父詹姆士二世。一位部下在湯頓宣稱蒙茅斯公爵為英國合法國王。蒙茅斯公爵試圖利用查理二世之子以及新教徒的身分來反對信奉羅馬天主教的詹姆士二世。叛亂失敗後，他於1685年7月15日被斬首。

12 康希爾（Cornhill），倫敦歷史核心和現代金融中心倫敦市的一條街道，介於銀行交叉口和利德賀街之間。康希爾是倫敦的三座古代山丘之一，另外兩座是倫敦塔所在的塔山（Tower Hill），以及聖保羅座堂所在的盧德門山（Ludgate Hill）。康希爾的最高點海拔17.7公尺。康希爾街上有兩座克里斯多佛·雷恩爵士設計的教堂：聖米迦勒堂，位於古羅馬市集遺址，和聖彼得堂被認為是倫敦最古老的基督教地點。

第一章　笛福的青年時期與早年的追求

是，我們不應該過分關注他具體是從事哪一行業的經營。後來，當有人嘲笑笛福曾做過一名長襪商的學徒時，笛福非常氣憤地否認了這一言論，解釋說雖然他是做長襪生意的人，但他從來都不是那種傳統意義上的店主。在笛福所創作的《計畫論》（*An Essay Upon Projects*）裡，就曾對自己的這一段經歷進行了詳細的描述。根據笛福的描述，他在國內所銷售的這些長襪，都是從國外進口來的。笛福還表示，他為這些商品所付出的保險費用，有時甚至比運費還要昂貴。在他的《英格蘭商人全集》（*The Complete English Tradesman*）一書裡，笛福就講了一個非常有趣的故事，表明他曾憑藉著個人的智慧，識破了那些想要在白蘭地酒委託運輸上欺騙他的人。從這個故事裡，我們可以知道，笛福所從事的生意，有時需要他前往西班牙。這是我們首次了解到笛福在商業層面上的冒險活動。

七年之後，也就是 1692 年，笛福不得不躲避他的那些債主，而再次前往海外。笛福在他所寫的一篇文章裡，就表示自己之所以會在商業上遭遇這樣的厄運，就是因為他受到了騙子的欺騙。因此，他希望將自己遭受詐騙的故事寫下來，然後又聲稱自己完全還清了當初欠下的所有債務。事實上，笛福所宣稱的這些事情，可以由他的一位競爭對手透過獨立的方式進行證明，這位競爭對手，正是笛福當年曾經發出挑戰，要與其進行翻譯拉丁文比賽的圖欽。笛福之所以在《英格蘭商人全集》一書裡很少見地談及個人經驗，按照他的說法，正是為了「教育英格蘭本土的商人，特別是那些年輕的商人」。當然，這也解釋了笛福回覆信件的對象，基本上都是年輕人的緣故。笛福

憑藉著個人敏銳的洞察力，了解那些從事生產與商品交換過程中不同環節的人所扮演的角色。他表示，自己在這本書裡所給予的建議，並不適合那些天生的商人或是貿易者。他對貿易者這個詞語的庸俗定義就是「從事海外商品貿易的人」。雖然笛福在個人所寫的很多書與宣傳冊裡，都表達了要維護商業貿易尊嚴的觀點，但他卻從來不會放棄任何一個嘲笑那些自命不凡的所謂上層有教養的人。笛福絕對不希望後來的商人像他那樣重蹈覆轍。可見，笛福在這本書裡，是站在某個高度對那些小商人顯露出一種屈尊俯就的姿態。

在《英格蘭商人全集》一書的前言裡，笛福就談到了很多經商失敗的可憐年輕人失去了前途，表示這些年輕人不是「缺乏必要的經商智慧」就是「太過聰明了」。但是，正當讀者以為他可能要談論一下自己經商失敗的經歷時，笛福卻對此避而不談，只是表示：「他在幾年經商生涯裡，見過不少年輕人在經商道路上失敗了。」與此同時，我們也可以做出合理的推測，就是當他警告年輕的商人不要幻想自己日後成為政客或是文人的時候，或是認為自己可以一馬平川任馳騁或是一帆風順時，要明白一個道理，就是當他們原本應該在櫃檯後面工作時，就不要心心念念要前往咖啡廳休閒，閱讀著維吉爾[13]或是賀拉斯[14]的書籍。因為，此時的笛福正忙著創作文章與進行帳

---

13 維吉爾（Publius Vergilius Maro, 西元前 70- 前 19），英語化為維古爾（英語：Virgil），是奧古斯都時代的古羅馬詩人。其作品有《牧歌集》（*Eclogues*）、《農事詩》（*Georgics*）、史詩《艾尼亞斯紀》（*Aeneid*）三部傑作。

14 賀拉斯（Horace, 西元前 65- 前 8），羅馬帝國奧古斯都統治時期著名的詩人、批評家、翻譯家，代表作有《詩藝》（*Ars Poetica*）等。他是古羅馬文

目的計算，他會稍微總結一下自己身為商人失敗的原因。他提醒那些出入商海的年輕人腳步不要邁得太快，要以他作為榜樣，讓四輪馬車保持著平穩行駛。他其實並非處在一個可以教導別人的位置上，不過我們可以肯定一點，笛福也充分意識到，正是過分輕率的決定，才讓他參與了商業投機的行為。

毫無疑問，當笛福積極投身於商業經營時，他對那個時代嚴峻緊張的政治局勢也保持著高度的關注，絕對不是一個冷眼旁觀者。當詹姆士二世國王想要廢除保護新教徒與天主教徒的《信教自由令》（*Declaration of Indulgence*）時，與笛福同屬一個教派的人準備抓住這個機會進行反抗，根本不考慮這可能會帶來什麼後果，笛福並不贊同這些人的觀點。笛福後來表示：「正如他經常所說的那樣，他寧願看到奧地利的天主教消滅匈牙利的新教徒，也不願意看到土耳其帝國那些異教徒蹂躪德國，殺害那裡的新教徒與天主教徒。」因此，「他對那些非國教徒表示，他寧願看到英格蘭的教會遭受罰款，或是財產遭到沒收，而過著艱難的日子，也不願意看到天主教從教會或是異教徒中消失，不願意看到這些教徒被捆在熊熊燃燒的大火中燒死。」也許，笛福在他創作的一本宣傳冊裡表達了這種堅定的思想，雖然在這個議題上，我們無法找到可以證實這是笛福創作的宣傳冊。

威廉・李就曾將一本四開本的著作《就國王陛下關於良知自由的宣示做出的反思信件》（*A Letter containing some Reflections on His Majesty's declaration for Liberty of Conscience*）說成是

學「黃金時代」的代表人之一。

笛福的作品，這就顯得有點過分輕率了。笛福可能會根據那個時代的很多重大時事問題創作宣傳冊，但這些宣傳冊都沒有流傳下來，因此我們很難對此進行真偽的甄別。不過，笛福在現實生活的實踐當中，掌握了寫作這種寶貴的能力。正是這種寶貴的能力，在他往後的人生中產生很重要的作用。因此，如果笛福創作了數十本宣傳冊，而這些宣傳冊都沒有流傳下來，也不足為奇了。在那個時代，宣傳冊的作用與今天報紙上的頭版新聞是差不多的。可以說，那個時代的報紙是名副其實的新聞紀錄，而不是表達、引導某種輿論導向的工具。在那個時候，觀點與思想的表達，並沒有完全與宣揚事實或是謠言連繫起來。比方說，一個人想要影響大眾的看法，就可以寫一本宣傳冊，這本宣傳冊可以是只有一頁或是數頁的宣傳單，然後他可以將這些宣傳單拿到大街上叫賣，或是賣給書店。這些印刷出來的宣傳冊數量是難以統計的，很多宣傳冊都在讀者看完之後被扔在一邊，很難被完整保存下來。如果說笛福那個時候創作了很多宣傳冊，那麼這些宣傳冊的內容，也幾乎不會在他十五年後重新結集出版的個人作品集裡出現了。就算笛福會將之前所寫的宣傳冊內容重新出版，他也只會選擇出版那些與現實存在著緊密關聯的文章。如果我們考慮到笛福在 1683 年就將自己稱為「年輕作家」這件事，就可以知道他在查理二世國王與詹姆士二世國王統治期間，積極參加這樣的文學辯論。我們必須要記住一點，當時的出版審查是相當嚴格的，因此笛福只能使用其他筆名來發表自己的文章，這就讓我們更加無法去考證文章到底是不是他寫的了。

第一章　笛福的青年時期與早年的追求

　　在 1688 年光榮革命[15] 期間，笛福毫不猶豫地表示支持新國王的立場。根據奧德米臣[16] 的說法，笛福是「志願騎兵團的一員」，這個騎兵團的成員主要是由市民組成。笛福勇敢地跨上馬，接受蒙茅斯伯爵的指揮（現在是彼得伯勒伯爵），前往白廳[17] 迎接國王陛下，前來參加由倫敦市長大人與政府成員舉辦的宴會。三年後，當普勒斯頓公爵策劃詹姆士二世黨發動政變時，笛福發表了一本確認是他所寫的宣傳冊。這本宣傳冊以散文的形式寫成，題目是《發現一個古老的陰謀，一篇針對叛國者與野心家的諷刺文章》（*A New Discovery of an Old Intrigue, a Satire levelled at Treachery and Ambition*）。在這本宣傳冊的前言裡，笛福表示「他從未放下手上的筆」，除非他的努力創作能夠帶來明確的社會變革，否則他就絕對不會放下手中的筆。如果我們按照字面的意思去理解，就可以認定，此時的笛福已經

---

15 光榮革命（Glorious Revolution），1688 年，英國資產階級和新貴族發動的推翻詹姆士二世的統治，防止天主教復辟的非暴力政變。這場革命由於沒有出現流血衝突，因此被稱為「光榮革命」。信奉天主教的詹姆士二世被迫出逃，詹姆士二世的女婿威廉繼位，成為英國國王威廉三世。1689 年英國議會通過了限制王權的《權利法案》。奠定了國王統而不治的憲政基礎，國家權力由君主逐漸轉移到議會。君主立憲制政體即起源於這次光榮革命。至此，英國議會與國王近半個世紀的鬥爭，以議會的勝利宣告結束。

16 奧德米臣（John Oldmixon, 1673-1742），英國歷史學家。

17 白廳（Whitehall；又譯懷特霍爾）是英國倫敦西敏市內的一條大道，自特拉法加廣場（Trafalgar Square）向南延伸至國會廣場（Parliament Square），亦為英國 A3212 號公路（特拉法加廣場至切爾西）的首段。白廳是英國政府中樞的所在地，包括英國國防部、皇家騎兵衛隊閱兵場和英國內閣辦公室在內的諸多部門均坐落於此，因此「白廳」一詞亦為英國中央政府的代名詞。街道周邊的區域也可稱為「白廳」。

從一開始的出於虛榮心去創作，轉而向為了引起社會往有益的方向變革而創造，畢竟他已經在創作之路上跋涉了十八年。

當我們將笛福這本諷刺宣傳冊的文學價值，與德萊頓[18]的《押沙龍與阿奇托菲爾》（*Absalom and Achitophel*）的文學價值進行比較，就會發現笛福在這本宣傳冊的序言裡就已經表示，這本宣傳冊的文學價值並不高。笛福為自己所寫的文章感到驕傲。他在日後所歸類的詩人名錄裡，將自己列入「諷刺作家」的行列當中，也許笛福認為，自己所寫的那些聰明的打油詩要比他的傳世名作《魯賓遜漂流記》，更加具有文學價值吧。他當時所寫的諷刺文章受歡迎的程度，更是堅定了他在這方面的信念。但是，當時笛福認為具有價值的諷刺文章，在後人看來卻是枯燥乏味的。在笛福生活的那個時代裡，很多從事寫作的人都喜歡使用名字的大寫字母或是綽號來作為筆名，因為這樣做方便他們說一些諷刺別人的話，或是進行不需要負責任的中傷行為。但是，這些諷刺文章都只是針對某個個體或是當時的一些重要事件。當這些個體或是重要事件煙消雲散之後，這些文章也就失去了其本身的價值。當時，笛福所在地區的名人，比如拉爾夫爵士[19]與皮特爵士，還有那個希里·韋利與湯姆船長，都已經離開了這個世界。笛福當年匆忙寫出的那些宣傳冊，在那個特定的時代背景下，肯定具有它們應有的意義與價值，但

---

18 德萊頓（John Dryden, 1631-1700），英國著名詩人、文學家、文學批評家、翻譯家。是 1668 年的英國桂冠詩人。他被當作是王政復辟時期的主要詩人，以至於這一段文學史被稱為德萊頓時代。華特·司各特稱他為「光榮約翰」。

19 拉爾夫爵士（Sir Ralph Sadler, 1507-1587），英國政治家、國會議員。

第一章　笛福的青年時期與早年的追求

在當代讀者看來，卻是無比沉悶與缺乏文學價值的。也許，這些文章裡存在一些閃耀著智慧的格言，是值得我們去留意與摘錄的。

第二章
威廉三世的副官

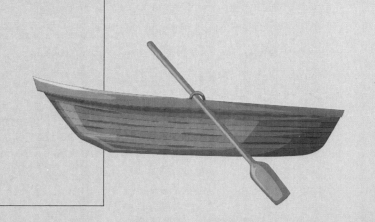

第二章　威廉三世的副官

　　1692 年，笛福遭遇了第一次經商失敗。據說他當時不得不臨時逃往外地以便躲避債務，只能在債主找不到他的地方，與那些債主進行談判，直到這些債主最後同意接受他能承受的還款期限，聽說當時的笛福躲了布里斯托[20]。還有一個故事說他是一個週日紳士，因為他在週日這一天，總是會穿著時尚而整潔的衣服，而其他時候都會躲在家裡，擔心法警找上門來。但是，笛福是一個天性樂觀的人，因此他絕不允許這樣的打擊影響到他的人生發展之路。他始終相信，烏雲遲早會慢慢散去。

　　他是一個有著多方才能的人，根據他對商人概念的理解，他隨時可以根據現實情況的需求，去做其他種類的工作。他做過很多工作，收到過卡迪斯地區一些商人的邀請，希望他擔任傭金代理商「這份相當好的工作」。不過，笛福後來表示，雖然他對於自己這方面能力非常自信，但他的「內心世界卻對離開英格蘭到其他地方展開工作感到不滿。因此，他拒絕這種類型的工作機會」。他想要留在英格蘭，「時刻關注著當時英格蘭政治局勢的動態，希望能夠為英格蘭政府籌措一些資金，用來應對可能出現的全新戰爭」。笛福寫了一篇情感豐富，表明個人忠誠情感的宣傳冊《英格蘭人的選擇與真正利益：在與法國作戰期間的應對問題，忠誠於威廉三世與瑪麗皇后，認清他們

---

20 布里斯托（Bristol），或譯布里斯托爾，英國英格蘭西南區域的名譽郡、單一管理區、城市。布里斯托西臨愛爾蘭海，中世紀起已是一個重要的商業港口，地位一度僅次於倫敦，直到 1780 年代才被利物浦、曼徹斯特、伯明罕超過。現今的布里斯托乃英國重要的航天、高科技及金融貿易中心，擁有一個國際機場。全市有兩所大學，布里斯托大學和西英格蘭大學。

應有的權利》（*The Englishman's Choice and True Interest: in a vigorous prosecution of the war against France, and serving K. William and Q. Mary, and acknowledging their right.*）。他的文學創作能力使他得到了獎賞。他在「毫無爭議」的情況下，被委任為玻璃製品關稅專員，這個職位他一直擔任到 1699 年。

從 1694 年開始到威廉三世統治結束的這段時間，是笛福人生中最輝煌與最有地位的階段。他在英格蘭政府裡的工作並沒有占據他的全部精力，他私底下仍然有時間去做自己的事情。在此期間，他在提伯利 [21] 創辦了一間製磚廠與波形瓦工廠。威廉·李後來表示，若是從最近挖掘出來的磚頭來看，笛福當年的磚廠生產出來的磚頭品質還是不錯的。不過，根據這方面的一位權威的說法，想要在這附近找到笛福當年製造的磚頭幾乎是不可能的事情。不管怎樣，笛福在這段時期過著富足的生活，還擁有了一輛四輪大馬車與一艘遊艇。而且笛福償還了所有債主的債務，但沒有完全按照當初約定的時間進行償還。1705 年，笛福吹噓自己已經將債務從一萬七千英鎊降低到了五千英鎊。但是，這筆債務包括了笛福那間波形瓦廠失敗所帶來的債務。

在得到政府的任命之後，笛福第一次為威廉三世創作了文學作品，就是他在 1697 年於《雷斯威克條約》[22] 簽訂之後，創

---

21 提伯利（Tilbury），英格蘭艾塞克斯郡的一個城市。提伯利是一個港口城市，靠近泰晤士河的河口。

22 《雷斯威克條約》（*Treaty of Ryswick*），是 1697 年 9 月 20 日，法國和奧格斯堡同盟在荷蘭雷斯威克締結的國際條約，終結 1688 年爆發的大同盟戰爭。此條約的基本原則在於恢復 1679 年尼美根條約以降的占領地。根據

作了一本關於常備軍問題的宣傳冊。正如他所說的，這是一場筆墨戰爭。接下來，就是歐洲大陸上出現的各種思想對抗，在笛福參與進來之前，這樣的對抗已經持續了若干年。當時，很多人所寫的文章，似乎都在貶低威廉三世麾下軍隊所取得的勝利，要求國王解散他的常備軍，認為這支常備軍的存在，會對國內民眾的自由構成威脅。這些人的觀點，遭到了擁護威廉三世的廣大人士強烈反對。事實上，當笛福發表了名為《關於常備軍問題的看法，在得到國會的批准之後，常備軍與一個自由政府的訴求是一致的》（*An Argument shewing, that a Standing Army, with consent of Parliament, is not inconsistent with a Free Government*）的宣傳冊之後，他們的這場戰鬥就已經取勝了。因此，笛福在前言裡吹噓「如果書籍與寫作無法達成這個目標，那麼我們就要感謝上帝，國會駁斥了他的那些對手」。雖然笛福的這本宣傳冊出版的日子比較晚，但很多人都讀到了他的這部作品，更加鞏固了他們在這場鬥爭中的勝利。

這是笛福首次為自己在文學界的名望打下基礎。此時，他已經三十八歲了，他那充滿爭議性的天才素養正在慢慢展現出來，他對語言的掌控也達到了爐火純青的地步。在他日後所寫的很多宣傳冊中，都無法在說理性和邏輯性方面超越上述的那一本作品。這表明，此時的笛福已經掌握了將建設性的批判與

條約，路易十四的法國獲得史特拉斯堡和西班牙島西部（現在的海地），恢復南印度的朋迪治里和加拿大的新斯科細亞。西班牙恢復被法國占領的加泰羅尼亞和盧森堡等地域，長期屬於法國的洛林公國返還洛林公爵。英格蘭未獲得領土，但是，路易十四承認威廉三世為英格蘭國王，承諾今後不再援助因光榮革命流亡法國的詹姆士二世。

摧毀性的批判能力神奇地結合在一起的寫作技巧。笛福會懷著幽默的自信進入這樣的爭論，高舉著常識的大旗，表示自己對思想極端的雙方都缺乏同情。他用直接且貌似合理的方式表明自己的觀點，用生動而又有趣的方式向那些普通民眾亮出自己的立場。因為，笛福知道，民眾的想法絕對不是只有對或是錯這兩種極端的方面。笛福知道如何用最直接有效率的方式將對手的論點慢慢肢解，然後將這說成是讓人困惑的東西，接著他再對這些支離破碎的觀點，進行一番有趣的嘲諷。如果有著這種想法的作者知道他們內心的想法，那麼他們肯定會站在笛福這一邊。笛福鼓動喜歡他的讀者將成見表示出來，並將這樣的成見視為支撐自己觀點的基礎，然後大膽地嘲笑那些應該為此感到羞愧的人。笛福不願展現出嚴密的邏輯思維模式，他只是像那些與他一樣同屬不動產所有者的民眾一樣。雖然他比那些反對者更加清楚這只是一個虛偽的藉口而已。笛福從來不會想辦法去激發民眾的激情或是想像力，他將民眾拉到他這邊來的方法，就是闡述一些平凡的觀點，以及正確與合理的一般性觀點。笛福在進行爭論過程中所表現出來的溝通方法，是沒有什麼規律性可言的。他喜歡用一種急切而又詳盡的方式，去展現個人的風格。對笛福本人來說，他總是願意大膽地將內心的想法表達出來，然後懷著熱情，與他的那些敵人進行周旋。他所採取的方式包括與他們東拉西扯地漫談，根本不會擔心這些敵人的言辭會把他逼到無路可退。他曾為某個階層人士寫過一篇文章，但不管他的這篇文章是多麼全面與完整，都讓很多人感到厭惡，說服眾多的不動產所有者才是他的目標。在為了實現

這個目標而出現的眾多宣傳冊當中，沒有誰的宣傳冊能夠與笛福的政治性宣傳冊相比。從這方面來看，笛福的寫作風格與科貝特[23]有點類似，但他沒有科貝特那種野蠻兇狠的風格。笛福的寫作風格更加靈活，人生視野更加寬廣。科貝特是一個煽動性政治家，而笛福只是一個受到民眾歡迎的政治家而已。科貝特適合去領導民眾，而笛福只適合去引導民眾。可以說，笛福身上有著科貝特的影子，卻有著更多科貝特所沒有的優點。

威廉三世得到了國會的批准，可以擁有一支常備軍，但這支常備軍的規模並不如他想像中那麼大。後來，這支常備軍的規模又遭到進一步的削減。與此同時，笛福利用自己手上的筆去宣揚國王心目中認為重要的事情。他所寫的《計畫論》——「涉及市民政體與法國方面的事情」—— 按照我們今天的說法，就是提出了股份制企業的雛形，有助於推動這場革命中那些政治家想要實現的目標，更有助於已經成立的新政府權貴階層的利益，反對過去那個針對私人財富堆積而暴政迭出的政府。可以說，笛福想要實現的目標是非常多樣化的。當然，這樣的分類並不是嚴格意義上的。笛福對「計畫」一詞充滿活力的定義，包括了「諾亞方舟」與「巴別塔」，甚至還包括了菲普斯船長提出的要打撈裝滿銀幣的西班牙沉船的計畫。有些時候，一些人會將笛福在這些文章裡展現出來的智慧思想，稱為當代最偉大的公序良俗改進計畫 —— 其中就包括了保護海員、讓女性接受更高的教育、成立銀行、提升社會福利水準、

---

23 科貝特（William Cobbett, 1763-1835），英國自由黨人、國會議員、記者、作家、農場主。

建造公路等。至於笛福是否真的提出了上述的種種概念，在歷史文獻上無法找到確切的證據。很多時候，關於笛福曾提出這些想法的觀點，都會遭到很多人的反駁。畢竟，想要證明這些都是笛福當年所提出的思想，我們就需要證明笛福的文章並沒有剽竊任何人的觀點。若是從現實角度去看，笛福提出的這些想法幾乎都沒能得到實現，因此我們也很難對他曾經提出這些看法予以證實。笛福提出的這些計畫，我們可以歸結為是他自然流露出的看法，或是他遵從國王陛下的心意，很大程度上在於他提倡政府要對社會發展採取干預的行為。比方說，笛福提出政府要徵收所得稅，並且任命一位專員專職此事，這名專員要到全國各地進行巡視，確保任何人都無法逃稅。在提出這個建議的時候，笛福表明了他對城市市民的私人收入的了解，但這也引發了人們對他「是否與一些權貴走得過近，因而專門提出有利於政府的建議」的質疑聲。在他關於銀行的文章裡，笛福表達了自己的不滿情緒，認為政府不應該對銀行的貸款最高利率進行限制。笛福表示，這樣做對於那些資金緊張的貿易者來說是毫無幫助的，正如這對那些原本就有一定財力的人來說，無疑是錦上添花。笛福提出的公路專案，是要在豪斯曼男爵的帶領下建造全國性公路。不過，在笛福這些充滿商業才華的計畫裡，我們看到更多的是他那充滿熱情的想像力與銳意進取的創造性。如果他在進行商業貿易活動的時候，是以同樣的輕率方式去做的話，那他遭遇失敗也是在情理之中的。可以說，笛福提出的這些計畫，基本上都符合獨裁者的內心想法，而不是站在政府顧問的角度去做的。這些文章具有的主要價

第二章　威廉三世的副官

值，就在於展現了笛福所具有的強大精神能量，他將一種冷靜的思考方式與毫無節制的瘋狂思想結合起來。笛福在這些文章裡所迸發出來的那種熱情洋溢的情感，一般是我們在那些瘋子或是江湖騙子那裡才能看到的。但話又說回來，若是笛福的這些建議真的能夠實現的話，那麼對於整個國家又確實是具有非常積極的推動作用。笛福的《計畫論》，只是單純證明了其所具有的天賦。

光榮革命之後，英格蘭政府首先要解決的一個問題，就是改革之前的政府行為方式 —— 這樣的改革舉措本身是值得讚揚的。從政治層面上來看，這的確也能夠將過去的英格蘭政府與新政府之間形成鮮明的對比。在威廉三世統治初期，其還不在愛爾蘭的時候，女王也會發表公開信，呼籲整個國家實現和平與正義，希望其他的皇族成員能夠做出榜樣，消除查理二世國王時期，社會上形成了各種不良風氣。在 1697 年那場戰爭結束之後，威廉三世同樣發表了一篇宣言，希望能夠取得類似的效果。威廉三世的這封公開信得到了國會的批准，要求國王陛下解決政府高層內部出現的各種弊端。在這個過程中，笛福給予了國王陛下很多幫助。他創作了一篇名為〈窮人的懇求〉（*The Poor Man's Plea*）的文章，這是按照他在國會發表演說時的口吻去創作的。笛福在這篇文章裡表示，無論透過什麼樣的法律或是做出什麼樣的聲明，只要貧苦的下層人士仍然在苦海裡苦苦掙扎，只要那些執行法律的人都是腐敗透頂之徒，那麼這一切都是毫無意義的。笛福的這篇文章裡充斥著各種有趣的奇聞軼事，表明當時整個司法系統內部普遍存在著人浮於事與

酗酒的事實。後來，笛福多次以改革者的形象去對這樣的情況進行抨擊，有時他會用詩歌的形式去表達，有時則會以散文的方式去表達。當有人嘲笑他這樣做得並不完美時，他會堅決否認，因為這並不影響他提出這些訴求所具有的價值。與此同時，笛福向指責他的人提出挑戰，懇請他們對他個人進行嚴苛的審查，看看他是否具有他在文章裡所諷刺的那些毛病。

現在，我們已經無法確定，到底是什麼原因讓笛福與非國教者產生了嚴重分歧。笛福是在一個不信奉國教的環境下成長起來的。但是，笛福發表了一本宣傳冊，抨擊《間或偶奉國教法》（*Occasional Conformity*）的行為，從而與他的那些非國教徒朋友出現了分裂。當時，這種透過偶爾尊奉國教，從而獲得擔任公職的資格的做法，在光榮革命之後開始蔓延。一開始，這種做法並沒有引起人們的關注，直到一位不信奉國教的市長大人在週日參加了教堂的禮拜活動，然後他佩戴著他的市長徽章前去參加非國教派祕密集會的時候，才引起了大家的關注。笛福反對這種做法的原因，可以從他所說的這句話裡看出來「如果主代表著上帝，那麼我們就要追隨他。但如果這個主是太陽神的話，我們也要追隨他。」笛福表示，一個人是可以在個人良知與宗教信仰方面實現和解的，從而參加教堂的禮拜活動，這不應該與他們是否是一名非國教徒形成必然的關係。《間或偶奉國教法》裡提倡的做法：「那些這樣做的非國教徒，本身就是有罪的。」那些非國教徒不喜歡笛福提出這種不相容的邏輯困境，表示由他們中的一員公開反對自己的做法，讓他們感到極度惱怒，畢竟絕大多數具有常識的人都會預設這樣的做法。

第二章　威廉三世的副官

因此，他們不喜歡笛福，也就變得很自然了。當笛福在 1698
年首次發表這本宣傳冊的時候，並沒有產生什麼水花。兩三年
後，笛福仍然為自己所持的立場具有無法被否決的邏輯性而感
到高興。他重新印刷了這本宣傳冊，並且向當時一位著名的非
國教牧師豪伊提出了挑戰。不過，當新國王登基之後，國會通
過了一個法案，禁止進行間或偶奉國教的行為。笛福不斷地發
表文章，對此表示反對。在笛福看來，這樣做違背了《宗教寬
容法令》（*Toleration Act*），可以視為一種迫害宗教自由的手段。
若是從嚴格的邏輯層面去看，笛福是可以在這方面做得始終如
一的，只是背後的推理過程很複雜。但不管怎麼說，笛福一開
始反對間或偶奉國教的行為，後來又站出來反對取消這樣的做
法，的確是前後矛盾。無論在哪一種情形下，笛福都將廢除
《宗教考察法》視為他想要實現的一個目標。因此，我們很難
在相同原則下，對他在這兩個問題上表現出來的不同態度進行
任何解釋。不管笛福如何反對聖餐禮，按照他當時的立場，他
都是無法對抗非國教徒所形成的強大勢力的。但是，如果笛福
將這視為一種誹謗或是罪惡的行為，那麼他就不可能堅定地反
對這種禁止的法令，並且將這視為一種宗教迫害的行為。在這
個問題上，沒有誰比笛福本人更加清楚。有趣的是，在他根據
這個法案所寫的第一篇宣傳冊裡，就嘲笑這個禁止法案是一種
迫害宗教自由的行為，認為這在政治與國家層面上壓制著那些
非國教徒。不過，我們可以再次將這與笛福所寫的那篇著名宣
傳冊《消滅不同教派的捷徑》（*The Shortest Way with Dissenters*）
結合起來去進行解讀。

當西班牙國王卡洛斯二世[24]去世之後,因為沒有子嗣,整個歐洲大陸的封建王朝的秩序一下子陷入了混亂的狀態。接著發生了歷史上最具戲劇性的轉折:這位西班牙國王在臨死之前,將他的皇位傳給安茹公爵菲利普(即後來的西班牙波旁王朝國王菲利普五世),也就是法國波旁王朝國王路易十四國王的第二個孫子。這件事為笛福充分發揮他那具有爭議性的天才素養提供了一個絕佳的機會。按照卡洛斯二世的遺囑,如果菲利普擔任西班牙國王,那麼威廉三世就會發現他這一生推廣政策取得的成果都會化為烏有。雖然路易十四一再承諾會否認這份遺囑的有效性,表示會遵守《庇里牛斯條約》[25],確保他與他的後代都不會擔任西班牙國王,並且在按下來的兩個分離協議裡提出不同的繼承計畫,但他卻沒有在這件事情上表現出長

---

24 卡洛斯二世(Carlos II),西班牙哈布斯堡王朝末代國王,由於在他死後,西班牙哈布斯堡王朝再也沒有直系的繼承人,因此他臨終前立下遺囑,以法國安茹公爵腓力放棄法國王位繼承權為前提,讓腓力繼承西班牙王位,這就是腓力五世。但神聖羅馬帝國、英國、荷蘭等國對此極為不滿,反對腓力五世繼承西班牙王位,於是以神聖羅馬帝國、英國、荷蘭等國組成聯軍,與法國、西班牙等國開戰,企圖讓奧地利哈布斯堡王朝獲得西班牙王位,這就是歐洲歷史上的「西班牙王位繼承戰爭」(1701-1714),這場戰爭最終以法國、西班牙一方獲勝告終,但兩國也因此元氣大傷,從此走向衰落,而英國趁機強大起來。

25 《庇里牛斯條約》(Treaty of the Pyrenees),法國路易十四與西班牙腓力四世之間的條約,訂於 1659 年 11 月 17 日,它結束了 1648 年至 1659 年之間發生的法西戰爭。西班牙國王腓力四世因沒有得到哈布斯堡的支援,而決定割讓邊界領土給法國以和平結束戰爭。該協定還包括法國國王路易十四世和西班牙公主瑪麗·泰蕾莎之間的婚約,公主的嫁妝為 50 萬金埃居(法國古貨幣),分三筆付清。1660 年 6 月 9 日,婚禮在法國南部城市聖讓德呂茲舉行。這婚約使未來的路易成為歐洲權力最大的國王。

第二章　威廉三世的副官

時間的猶豫。在卡洛斯二世國王去世的消息傳來之後，關於他祝賀他的孫子成為西班牙國王的消息就傳出來了。因此，威廉三世多年來透過外交手段，苦心經營天主教的平衡勢力，就此轟然倒塌。隨著西班牙與義大利幾乎同時被納入到法國國王的控制範圍內，整個歐洲大陸幾乎都落入了法國國王的手上。路易十四很快就表示，《庇里牛斯條約》所造成的限制已經不復存在了，並闡明了他要將西班牙納入囊中的想法。路易十四還透過他的孫子身為西班牙國王的權力，將西班牙地區的荷蘭邊境城鎮納入法國的版圖。按照當時的特殊協定，這個地區有荷蘭軍隊駐守。雖然威廉三世對法國這位基督教國王背信棄義的做法極為憤怒，但他卻也沒有表現出沮喪的神色。當年，他耗費心力將那些石頭推上山去的努力，此時卻突然化為烏有，那些被推上去的石頭此時都紛紛滾下來了。但是，威廉三世仍然想要為此做出努力。不過，在他採取任何行動之前，最讓他感到震驚與屈辱的事情，就是英格蘭國會在這件事情上表現出來的態度。威廉三世對法國波旁皇族前往西班牙擔任國王一事感到的震驚，竟然無法讓英格蘭當時的統治階層感同身受。當時的英格蘭統治階層表示，比起威廉三世這種分割的方法，他們更願意遵循已故西班牙國王的遺囑。他們認為，相較於法國去占領義大利及西班牙的各個省份，現在法國單純透過這樣的方式與西班牙組成聯盟，危險性要小得多。

　　威廉三世連忙召集了全新的國會開會。但是，絕大多數國會議員都反對使用武力的方式去維護《分割條約》。相反地，他們敦促威廉三世發出承認菲利普五世國王王位合法性的信件

給他王。甚至連法國人占領了佛蘭德的軍事堡壘，都無法改變這些國會議員的想法。他們說，這些都是屬於荷蘭人的事情，與英格蘭關係不大。威廉三世想要說服這些議員，讓他們明白兩個新教國家的利益具有一致性的努力，最終還是白費了。這件影響歐洲大陸政治格局的大事讓很多人創作了許多宣傳冊。一般的英格蘭民眾認為，他們為了擁有這位荷蘭國王而付出了太多的代價，而這位國王卻沒有為他們這些擁戴他擔任國王的民眾做出任何事情。他們認為，威廉三世不斷犧牲英格蘭的利益，只為了他的故土荷蘭。對普通的英格蘭民眾來說，簽訂《雷斯威克條約》又為英格蘭帶來什麼好處？難道威廉三世想要讓英格蘭陷入另一場曠日持久的戰爭，只是為了讓荷蘭這個國家擁有一個強大的防線嗎？這樣的想法在普通的英格蘭民眾中是非常強烈的，因為上一次戰爭帶來的傷痛依然讓他們記憶猶新，他們能夠感受到戰爭導致的沉重負擔在現實生活中帶來巨大的影響。威廉三世不敢冒險採取任何行動組成反對法國的聯盟，直到一件意外事件將這個國家的輿論，從之前那種乖戾陰沉的算計中驚醒過來。當詹姆士二世去世的時候，路易十四國王宣布承認詹姆士·愛德華·斯圖亞特 [26] 為英格蘭國王。當這

---

26 詹姆士·愛德華·斯圖亞特（James Francis Edward Stuart, 1688-1766），威爾士親王，又稱老僭王，為英格蘭、蘇格蘭和愛爾蘭國王詹姆士二世和詹姆士七世與其後妻摩德納的瑪麗之子。他出生後僅數月，其父即因光榮革命被廢黜，詹姆士二世的新教徒長女瑪麗及其夫奧蘭治的威廉成為共治君主。1689 年的《權利法案》和 1701 年的《繼承法案》將天主教徒排除出不列顛王位繼承。詹姆士·法蘭西斯·愛德華在歐洲大陸被撫養長大，在父王於 1701 年去世後在詹姆士黨追隨者和表叔法國國王路易十四支持下要求英格蘭、蘇格蘭、愛爾蘭王位，稱英格蘭和愛爾蘭國王詹姆士三世、蘇

第二章　威廉三世的副官

件事情發生之後，英格蘭民眾心中那種想要與歐洲大陸隔離開來的想法，都煙消雲散了。威廉三世立即解散了長期國會，按照戰爭的緊急狀況去成立新國會。「這個世界上的所有國家，」笛福在談到民眾情緒突然轉變的時候大聲疾呼，「我從未見過在態度轉變方面像英格蘭民眾那樣，來得如此迅速徹底的。」

在接下來的十個月裡，笛福根據法國國王做出的這種讓人難以忍受的羞辱行為，透過發表宣傳冊的方式表達個人強烈的憤怒情感，卻沒有什麼作用。可以說，這是笛福在政治領域內最為活躍的時期了。相較於之前的默默無聞，此時的他已經四十歲了，正在慢慢成為當時最著名的社會人士。他毫不猶豫地抓住了這個機會，想辦法推動國王所宣揚的政策。西班牙的卡洛斯二世國王在 1701 年 10 月 22 日去世，到了這年的 11 月中旬，也就是在這個消息傳到英格蘭之後的幾天，並在法國國王決定讓孫子繼承西班牙國王這個消息傳出之前，笛福就已經寫了一本宣傳冊，這本宣傳冊的名稱是《需要考慮的兩個重大問題。第一個問題是，法國國王需要尊重西班牙的王朝制度。第二個問題是，英格蘭政府應該就此採取什麼行動》（*The Two Great questions consider'd I. What the French King will do, with respect to the Spanish Monarchy, II. What measures the English ought to take.*）。在這本宣傳冊裡，笛福表示，如果法國國王是明智的人，他就會拒絕讓自己的孫子繼承這份充滿危險的「禮物」。

格蘭國王詹姆士八世。14 年後，他在 1715 年詹姆士黨起事中試圖奪取不列顛王位未果。他於 1766 年過世後，作為詹姆士黨繼承的一部分，其子查理·愛德華·斯圖亞特繼續宣稱不列顛王位。

但是，如果法國國王決定接受這份禮物，那麼英格蘭除了與之前西班牙國內的其他政治勢力以及歐洲大陸上其他國家結成聯盟之外，別無選擇，並且敦促安茹公爵撤回自己做出的聲明。不過，笛福所發表的這本宣傳冊遭到了很多人的攻擊，很多人指責笛福這樣做，就是為了在皇宮裡謀取一個職位。笛福對此勇敢反駁，並抓住機會，以更加清楚明瞭的方式闡明個人的思想與立場。在笛福的這兩本宣傳冊裡，我們可以看到他始終站在英格蘭國家利益的立場上，並且用極富文采與邏輯的思想，談論了要是遵守已故的西班牙國王的遺囑，可能會帶來各種嚴重的後果。面對各種對手的反對聲音，笛福用最強烈的方式，對他們的觀點一一進行反駁。在當時很多英格蘭人看來，西班牙的國王是誰，又有什麼關係呢？笛福用反駁的口吻說，如果按照這樣的觀點去看待這件事情的話，那麼誰是愛爾蘭的國王，就同樣與我們毫無關係了。另一個人表示，這一切都關係到權力的平衡，只是「英格蘭國王為了保持常備軍的一個藉口而已」。我們不需要這樣一支常備軍，只需要擁有一支強大的海軍，這樣任何國家都不敢欺負我們。我們國家的民兵組織足以抵抗任何外來的侵略。面對這樣的聲音，笛福回答說，如果我們的民兵組織真的如此強大的話，為什麼擁有一支常備軍會讓我們擔心這會影響到國內的自由呢？但是，如果你們反對英格蘭國內設置常備軍的話，你們就可以透過平衡各方的利益關係僱傭德國的僱傭軍或是其他國家的軍隊去做嗎？即使我們自身有能力去打敗任何侵略者的軍隊，但最明智的做法，還是要將戰場放在本土之外的地方，而不是被動地等待戰火蔓延到英

格蘭本土。笛福表示，我們不應該相信西班牙無敵艦隊會自然而然衰落的奇跡再次發生。在談到戰爭問題時，笛福經常會說：「真正征服世界的國家，並不是那些擁有最鋒利刀劍的國家，而是那些擁有最強經濟實力的國家。如果法國國王的孫子成為西班牙國王，他們就會將世界上最富有的商業貿易航線都掌握在手上。法國人在管理墨西哥與秘魯這些西班牙殖民地的時候，肯定比西班牙做得更好。到那個時候，法國就會變成世界上最具財力的國家了。法國人就有足夠的錢財去建造艦隊，這就會讓我們在美洲的種植園處在任由法國宰割的狀態。在那之後，我們與西班牙的貿易活動 —— 這是我國商人在對外貿易活動中利潤最豐厚的貿易方 —— 肯定會遭到法國人的破壞，最後利潤消耗殆盡。我們在地中海地區的貿易活動，肯定也會由法國控制的西班牙在直布羅陀海峽徵收高額的關稅。」簡而言之，笛福認為，如果法國控制了西班牙王朝的高層，那麼只有上天的奇跡，才能讓英格蘭避免成為法國的一個行省的命運。

　　讓人遺憾的是，笛福提出的這種完全基於英格蘭國家利益考慮的思想，卻沒有得到民眾的普遍關注與認知。無論笛福的宣傳冊寫得多麼流暢、多麼具有思想性，都無法改變當時英格蘭民眾表現出的強烈反戰決心。在笛福創作的這些宣傳冊裡，笛福也同樣無法成功地激發出民眾內心那種強烈的情感。這些宣傳冊也許是最能表現笛福創作能力的系列作品，其中就包括了《新教面臨的危險，歐洲大陸有可能會爆發一場宗教戰爭》（*The danger of the Protestant Religion consider'd, from the present prospect of a Religious War in Europe*)：「可以肯定的是，誰都不能反對使用常備軍來捍衛我們的宗教自由！」笛福大聲疾呼：「如果你們這樣做的話，那你們就將所謂的自由放在了比宗教自由更高的位置。按照常識來看，宗教自由才是我們首先要去關注的第一自由。」但是，笛福諸如此類充滿邏輯思想的言論，就像稻草那樣，被淹沒在民眾反對戰爭的洪流裡。除此之外，笛福發表的《國會議員的六種鮮明特質》（*Six Distinguishing Characters of a Parliament Man*）這本宣傳冊，也無法成功地說服「善良的英格蘭民眾」，改變議會的投票結果。笛福甚至表示，每一個不動產所有者，都應該反對將新東印度公司與舊東印度公司之間的鬥爭，將此視為一個考驗性的問題，因為這關乎整個大英帝國的生死存亡。笛福宣揚這些思想的宣傳冊得到了廣泛的傳播，但在看到這些宣傳冊帶來的迴響後，他也只能努力控制住心中的怒火。不過，有趣的是，笛福所取得的一個勝利，竟然是在他根本沒有想到的領域內出現。英格蘭民眾引以為傲的寬容大度與公平競爭的理念，在他們對笛福所創作的《道地英國人》（*True-Born Englishman*）的接受程度時，得到了最為有趣的展現。此時，威廉三世的不受歡迎程度達到了頂點。那個時候，一些作家嘗試將民眾對國王的不滿情緒轉移到國王身邊的荷蘭親信，表示「那些用憎惡的詩句寫成的邪惡宣傳冊」就是《外國人》。在這本宣傳冊裡，他們對國王身邊的人進行了各種空穴來風、含沙射影的指控。在整個國民的情緒都被調動起來的時候，誰想站出來反駁，都是需要極大勇氣的。但是，笛福就勇敢地站出來，反對這些人所創作的這本宣

傳冊。笛福表示，這些嘲笑外國人的英格蘭人，到底是一些什麼樣的人呢？英格蘭人本身就是世界上混血程度最高的國家，這個世界上根本不存在真正的英格蘭人，所有的英格蘭人都是外國人的後代。每一個英格蘭人身上，都流淌著其他民族的血液。

若是英格蘭人吹噓自身擁有血統純粹的祖先，

這就好比蒙蔽了自己的雙眼，諷刺著這個國家的存在。

所謂眞正的英格蘭人，其概念本身就是矛盾的。

這樣的話本身就是一種諷刺，這個所謂的事實本身就是純屬虛構。

下面是英格蘭人的血統家譜。

我們的祖先是那麼可憐，

他們是來自法國的一些軍人，

他們曾與諾曼那些雜種一起作戰，

他們最後取得了勝利。

一些人拿出了刀劍，一些人拿出了長矛，一些人拿出了弓箭，

這些都是他們偉大的祖先所佩戴的東西。

這就是那些先驅者們留下的東西。

他們高貴而卑鄙的血液流傳到我們身上，

但誰也不敢說他們就是英雄，

他們可能是鼓手，或是陸軍上校。

過去沉默的歷史都羞於承認，

他們當年所做的一些醜陋事情。

現在，這些所謂的英雄後代鄙視荷蘭人，

抱怨這個國家來了太多的外國人，

他們忘記了自己本就是外國人。

這些人就是這片土地上最糟糕的惡棍。

他們是一大群喜歡叫囂的小偷與強盜，

他們會洗劫這個國家，讓城鎮變得荒蕪。

他們就像皮克特人那樣憎恨著英格蘭，就像那些喜歡叛變的愛爾蘭人。

他們透過飢餓、偷竊以及劫掠的行為，

讓挪威與丹麥的海盜都感到汗顏。

現在，那些紅頭髮的後代散落在世界各地，

他們與法國諾曼貴族一起雜交，

形成了你們這些真正的英格蘭人。

隨著時間的流逝，人們可能會說，

這裡的氣候可能會影響到當代人的繁衍，

正是上帝的選擇，才讓我們成為了今天的我們，

讓我們每天都能夠更好地照顧自己。

我們變成了歐洲大陸的垃圾場，

很多不法之徒都來到這裡避難，

讓這些人的後代汙染著這個國家的每一寸土地。

讓英格蘭成為許多流浪漢永恆的避難場所，

第二章　威廉三世的副官

他們忽視了，正是這些人為英格蘭人提供了全新的血液，

讓英格蘭這個古老的民族重新煥發了活力。

現在他們驕傲起來了，卻鄙視那些他們曾經的祖先，

宣稱自己才是真正的英格蘭人。

　　從上面節選的這段話來看，笛福在表現諷刺情感的時候，似乎更喜歡以直白的方式去做。從第一句話到最後一句話，笛福都在進行著勇敢無畏而又直擊人心的論述，開著很多無惡意的玩笑，似乎是在他怒髮衝冠的時候揮毫寫就的。那些暴徒不敢對這位勇敢無畏的幽默主義者處以私刑。在這群人對外國人的憤怒情緒到達頂點的時候，他們突然停下來嘲笑自己。他們似乎對笛福做出這樣強烈的反擊感到震驚，就好像一頭犀牛被人用橡木棍子抽打了一番。笛福突然發現，自己竟然成為當時整個英格蘭的英雄，至少是成了倫敦民眾心目中的英雄。笛福的這本宣傳冊遭到盜版，足足印刷了八千多本。當然，這只是笛福對盜版數量的估算，真實數量可能不止如此，這些盜版的宣傳冊被很多人在倫敦的大街上叫賣。因此，笛福在其扉頁上，將自己稱為真正的英格蘭人，並將自己創作的這本宣傳冊，視為自己的經典代表作。笛福還告訴我們，正是這件事讓英格蘭國王知道了民間有這樣一個人在支持著他。

　　笛福絕不是那種會因為聲譽鵲起而感到不安窘迫的人。他非常享受這樣的名聲。他還透過參加著名的肯特人請願事件，想辦法增加個人的名聲。而肯特人請願事件，也是國王在外交政策方面開始轉變的一個代表性事件。據說，笛福就是那篇《軍團紀念》（*Legion's Memorial*）宣傳冊的作者。他將這本宣傳

冊寄到了下議院，警告這些世襲地產所有人的代表，他們已經僭越了法律所規定的權力範圍，不應該囚禁那些「忠誠於《供應法案》的人」。當肯特人請願事件的那些請願人從監獄裡被釋放的時候，受到了默塞大廳裡的民眾熱烈歡迎。笛福就坐在這些被釋放的請願人旁邊，被當作貴賓。

遺憾的是，笛福在獲得了威廉三世陛下的信任後沒多久，國王陛下就駕崩了。後來，笛福表示，在威廉三世生前，經常會就一些問題諮詢他的意見。他在威廉三世統治後期所寫的許多宣傳冊，都是在與國王的交流中得到啟發。關於王位繼承人，笛福曾提出建議，希望遵照蒙茅斯公爵對繼承人的建議，應該在查理斯國工與露西·沃爾特的婚姻中產生一定的作用。實際上，笛福提出的這個建議，有可能得到了國王的批准，因為威廉三世深刻體會到身為一個具有外國血統的人來擔任國王的各種難處。除此之外，威廉三世完全有理由懷疑索菲亞公主在新教信仰方面的堅定程度。當英格蘭民眾對戰爭的極度反感，突然因為法國國王宣布承認詹姆士·愛德華·斯圖亞特成為王位繼承人的消息傳來，而出現了一百八十度的轉變之後，英格蘭民眾變得對戰爭充滿渴望。此時，國王抓住了這個機會，解散了長期國會，宣布按照民眾意願組建一個全新的國會。笛福透過對《英格蘭民眾的集體權力》進行審議與肯定，消除了不動產所有者的顧慮。笛福為國王陛下所做的最後一件事，就是創作了一本和自己先前的觀點有點自相矛盾的宣傳冊《反對與法國戰爭的各種理由》（*Reasons against a War with France*）。因為一年前，笛福在大眾面前表現了強烈支持戰爭的意願，

因此他這本宣傳冊的名稱，一開始讓很多人感到非常意外。但是，當民眾翻看這本宣傳冊之後，卻馬上打消了這樣的意外感覺，因為笛福在裡面的所有內容都在表示，希望國王陛下能夠馬上對西班牙宣戰，並且列舉出了很多宣戰的理由。笛福表示，向西班牙宣戰，這不僅是符合正義的做法，而且還會帶給英格蘭極大的好處。例如，這可以讓英格蘭有機會插手西班牙在西印度群島方面的事務，從而彌補英格蘭在商業貿易中遭受法國私掠船的劫掠所造成的損失。當然，笛福要解決的並不是單純的劫掠行為，他的最終目的，是希望英格蘭能夠真正將西班牙控制的西印度群島占為己有，使其成為英格蘭的殖民地，將原本屬於西班牙的財富變成英格蘭的財富。因此，在笛福這本似乎意在追求世界和平的書名背後，隱藏著一種好戰海盜般的逐利思想。笛福透過這種出人意料的名稱來吸引讀者的關注，比如使用了追求和平這樣字眼，實際上卻是在鼓吹戰爭。這樣的創作藝術，笛福駕輕就熟。我們在之後會看到，笛福在這方面的運用技巧超乎我們的想像。

第三章
不信奉國教的殉道者？

第三章　不信奉國教的殉道者？

　　1702 年 3 月，威廉三世駕崩。從此時起，我們必須要記錄一下笛福與英格蘭統治階級之間關係的轉變。在威廉三世統治期間，笛福身為御用文人的地位是顯赫與高貴的。他始終熱情直接地支持威廉三世提出的政策，不論他是憑藉著自身的判斷去做出這樣的理解，還是透過一些直接或間接的暗示或指引，我們都無從考證。但從最終的結果來看，笛福顯然是站在威廉三世這一邊的。當別人指責他這樣做是為了謀得一官半職時，笛福憤怒地予以否認，表示他從來沒有想過以這樣的方式在宮廷內獲得什麼地位或退休金。在其他時候，他承認他受到了國王陛下的僱傭，並且得到了很多超出他想像的獎賞。笛福在文學創作領域內得到的獎賞，都是他理所應當的，而他接受這樣的獎賞，也沒有任何不光彩的地方。因為，在威廉三世在世時，隱藏他們之間的關係，就是自欺欺人。但是，隨著威廉三世的去世，在黨派的鬥爭與政府出現的權力真空，時局不穩時，笛福此時的很多做法，則無法用任何道德標準去進行衡量。

　　可以說，正是因為威廉三世的突然去世，才讓笛福處於這種極度不確定的處境。在新國王登基之後，笛福所創作的第一篇文章，與他之前創作的文章的立場是完全一致的。笛福沒有像很多人那樣透過貶低前任國王，來讚美新任的安妮女王。與此相反，笛福創作了一首名為〈模仿的悲傷者〉（*The Mock Mourners*）的詩歌。在這首詩歌裡，笛福讚揚了過去「那一段光榮的回憶」—— 這段話笛福後來會經常運用到 —— 他喜歡用這句話來反駁那些對已故的威廉三世出言不遜的人，反駁那

些卑鄙無恥且忘恩負義的人。當然，笛福也歌頌女王陛下，他這樣做是基於女王陛下登基之後，應該會遵循威廉三世的足跡的基礎。因此，笛福讚揚女王陛下的做法，其實也有一種勸勉的意味在其中。沒過多久，在笛福創作的另一首詩歌〈西班牙後代〉（*The Spanish Descent*）裡，笛福就抱怨英格蘭艦隊沒有執行他提議的那個西印度群島作戰計畫。笛福透過嘲笑英格蘭艦隊第一次在西班牙海岸作戰期間徒勞無功的事實，表達內心的憤怒。除此之外，笛福還讚揚了西班牙在維戈 [27] 這座港口城市停泊的大帆船。在笛福的另一首詩歌裡——《道地英國人》這本宣傳冊取得的成功，似乎讓笛福產生了他在詩歌創作方面有著很高的天賦的錯覺——他使用詩歌的方式，談論了行為形式的改革運動，狠狠地譴責了信仰這些教派的一些地方長官，這極大地激怒了那些非國教者。在一本名為《英格蘭宗教忠誠的全新考驗》（*A New Test of the Church of England's Loyalty*）的宣傳冊裡，笛福就不斷宣揚著，高教會派 [28] 並沒有比那些非國教派忠誠多少，雖然他們同意宣誓作證，不再支持詹姆士黨，並承認安妮擔任女王的合法性——這顯然是那些和他同一教派的人更願意接受的事實。

但是，當限制間或偶奉國教的法案在 1702 年末被高教派的一些急躁的議員提出之後，卻得到了女王陛下的批准。此時，

---

27 維戈（Vigo），西班牙西北部的一座港城，加利西亞自治區第一大城。

28 高教會派（High Church），基督教聖公會的派別之一，與「低教會派」相對。最早於 17 世紀末開始在聖公會使用，主張在教義、禮儀和規章上大量保持天主教的傳統，要求維持教會較高的權威地位，因而得名。

第三章　不信奉國教的殉道者？

笛福所採取的行動，讓很多非國教派成員威脅要將他逐出猶太教會堂。之前，我們已經見識過，笛福是如何強烈反對間或偶奉國教的行為的。當那些與笛福信仰同一教派的人咒罵笛福，將他說成是一個迫害他們的人時，笛福則火上澆油，發表了一本有趣的宣傳冊，用挑釁的方式來證明，所有誠實的非國教徒根本不關注這個法案。笛福表示，除了他之外，雖然每個人都有著一定程度的勇敢，但他們都是「天生有原罪的人」。而只有他才能看到這樣做所帶來的真實作用。「所有制定了這個法案的人，都會認為這傷害了英格蘭非國教徒的利益，但是這樣的想法其實是錯誤的。那些非國教徒認為這些只不過是英格蘭政府進一步迫害他們的一種前奏或是開端，認為這是英格蘭政府準備廢除宗教寬容法案所邁出的第一步。但是，諸如此類的看法都是錯誤的……所有冷漠的非國教徒都希望這一切沒有出現，他們認為國家所進行的大規模宗教迫害已經迫在眉睫。但是，他們這樣的想法是錯誤的。所有那些因此而感到內心不安的非國教徒們，他們不是認為自己的敵人占據了一定的上風，就是認為政府這樣做會帶給他們災難性的後果，但是他們這樣的想法都是錯誤的。所有抨擊政府這樣做的非國教徒們將他們的判斷視為正確的，表示如果他們手上掌握權力的話，肯定會廢除這樣的做法。但是，他們這樣的想法是錯誤的。」雖然笛福從來不認為那些推動這一法案的人「是出於一種對待非國教徒的善意，為了讓他們從各種醜聞的骯髒環境中擺脫出來。」不管怎樣，政府的這種做法，都是為了達到此一目的。在笛福看來，那些非國教徒是「想在去世之後能夠上天堂」的人。因

此，他們會向那些想要控制他們內心想法的地方長官表達個人的不滿情緒。他們用警告的口吻對地方長官說，在正統的宗教崇拜中，並不是所有的形式都是符合《聖經》裡面所提到的形式。在這個法案中，並沒有出現任何針對非國教徒的歧視或是偏見。這不僅會在政治領域內影響那些非國教徒，也會在國家層面上影響那些非國教徒，因為非國教徒可以在不違背自身良知的基礎上，去參加正統的宗教崇拜儀式，因此他們也沒有必要為自己身為非國教徒而感到抱歉。這個反對間或偶奉國教的法案要是得以通過的話，將會讓那些態度冷漠的非國教徒顯露原形，也會讓所有的政黨擺脫這個毫無必要存在的麻煩，讓所有人都能夠得到相應的好處。

也許，我們可以說，當這個法案的通過已是板上釘釘的時候，笛福做出這種有趣的論述，正是為了安撫那些與他信奉同一教派的人。但是，與笛福信奉同一教派的人卻不這樣認為。他們對此表達出強烈的反對意見，認為這是他們的敵人對他們發動最狠毒的攻擊。不過，當這個法案在下議院通過之後，在上議院進行了部分修改，笛福突然又表達了自己的政治意見，出版了他人生中最著名的政治宣傳冊《對付反對者最簡便的方法》（*The Shortest Way with the Dissenters*）。在那個特殊的環境下，笛福出版這本宣傳冊，讓他以非國教徒殉道者的形象獲得了諸多聲響。在這本宣傳冊的「簡介」裡，笛福表示，他的這本宣傳冊與《間或偶奉國教法》沒有任何關係，只是像他之前根據這個議題發表自己的觀點。在這本宣傳冊裡，笛福譴責了這樣的行為，將這個法案視為消滅那些非國教徒宗教機構的有

第三章　不信奉國教的殉道者？

用工具。依照笛福的說法，他創作這本宣傳冊的本意，就是要嘲笑那些自命不凡的保守黨牧師，用簡單明瞭的語言表明這些人對非國教徒所持的惡劣態度。笛福透過「一種相對普通的諷刺手法」，對他們的一些說法進行激烈的反駁。

《對付反對者最簡便的方法》這本宣傳冊，有時被人們稱為一本充滿諷刺意味的宣傳品。不過，聖茨伯里[29]先生就曾提出過這樣的問題，即這是否代表著一種極端的情形，作者從未將自己本來的意圖表達出來，而是以諷刺的方式將個人的觀點隱藏起來。也許，這個問題屬於對宣傳藝術手法的一種解析。但是，不管我們對此有怎樣的看法，將笛福在創作這本宣傳冊裡表現出來的藝術手法說成是一種精妙取巧的做法，都是不合時宜的。在笛福的這本宣傳冊裡，我們無法找到像在斯威夫特的那些諷刺作品裡所看到的點睛之筆。我們只能說，笛福的這部作品，就像引發爭議的根本原因，無法稱為文學領域內的一種創新。笛福這本宣傳冊的全部價值，及其所具有的政治喚醒能量，就在於笛福對那些充滿野心之人的秉性進行了個性化的描寫，使用簡單有趣的語言，將那些激動的黨派人士只敢在私下裡向摯友表達的憤怒情感，直觀而開誠布公地表達出來。按照笛福的說法，當他面對非國教徒這個問題的時候，最大的期望就是能夠實現和平與統一，希望能夠運用基督教的適度精神去解決問題。正如笛福在這本宣傳冊裡所說的：「你們的時代已經過去了，你們失去了權力，而這個國家的皇位由一名皇族

---

29 聖茨伯里（George Saintsbury, 1845-1933），英國作家、文學史學家、學者、評論家。

人士所占領，這個英格蘭國王將始終是英格蘭國教的朋友與成員……在過去的十四年裡，我們從未聽說過這方面的事情。你們提供的《宗教寬容法案》讓我們感到惱怒，感覺自己受到欺凌。但是，你們告訴我們說，你們的教堂是按照法律的規定去建造的，並且說信奉其他不同宗教的人也可以這樣做。你們在我們的教堂門前，建造了偽善的猶太教堂，而這個教堂及其成員都對此感到不滿，他們進行了宣誓儀式，發誓要斷絕與其他教會的關係。但是，所謂的仁慈、寬容以及慈善去哪裡了？你們對英格蘭的教會表現出了善意的寬容，但是你們卻不像你們建造教堂那樣願意進行宣誓。你們已經宣誓效忠於合法且正義的國王，就不能免除這樣的誓言。他們的國王仍在世，難道你們要向一位具有荷蘭血統的國王進行宣誓效忠嗎……現在，輪到你們做出決定了，你們絕對不會再受到任何迫害了，因為這是不符合基督教精神的。」你們談論著宗教迫害，但是你們所抱怨的宗教迫害到底是什麼呢？「在英格蘭，針對非國教徒所執行的第一部法律，是在詹姆士一世國王執政期間頒布的。但是，這部法律最後又取得了什麼效果呢？事實上，他們能夠忍受的最糟結果，就是按照他們的要求，允許他們前往新英格蘭，然後讓他們在那裡建立一個全新的殖民地，並給他們一些特權或是優惠的稅收政策，給予他們一些合適的權力，讓他們在受到保護的情況下去生活，幫助他們抵抗任何入侵者，並不從他們手上收取任何稅收或是金錢的回報。這就是英格蘭教會的殘忍做法，因為他們表現出了一種致命的慈悲！正是這樣做，才讓那位傑出的王子在成為了查理一世國王之後，遭到了

毀滅。要是詹姆士國王將英格蘭所有的清教徒都送到西印度群島，那麼我們這個國家的宗教就會變得單一起來。英格蘭的教會就不會出現分裂，而會以完整的形態呈現在世人面前。為了獲得父親的仁慈，他們就需要拿起武器去反對兒子。他們會採取征服、收買或是囚禁等方式去這樣做，最後讓那些神的受膏者[30]都處於死亡的狀態，摧毀任何成型的政府。他們會推舉一位齷齪的騙子，這位騙子根本不明白如何去治理整個國家。他們會透過各個獨立的地方議會去處理政務，卻根本沒有想到這會帶來分裂的後果。查理一世國王在對待那些犯下弒君罪的殘暴之徒是多麼的寬容，對他們展現出極大的仁慈與愛意，寬容了他們過去的做法，並且還繼續讓他們為自己服務。」至於詹姆士國王，「仁慈似乎是整個家族的一種內在本質，他在統治初期，對這些人表現出了超出尋常的優待，因此他們不願意加入蒙茅斯公爵主導的反對他的起義。於是詹姆士國王認為，自己這樣做是正確的，這位異想天開的國王以為他可以透過仁慈與愛意來贏得他們的愛戴，宣稱給予他們徹底的自由，而不是表態反對英格蘭的教會。至於這些人是如何報答他的，世人都知道了。」在威廉三世統治期間，「他是一個屬於他們的國王，」他們「能夠獲得威廉三世的信任並得到諸多好處」。他們的人控制著政府的每個部門，他們肆無忌憚地侮辱著教會勢力。但是，他們絕對不能想當然地認為，這樣的事情可以持續下去。「不，先生們，講究仁慈的時代已經過去了，你們追求優雅的

---

30 受膏者（the anointed one），以油或香油抹在受膏者的頭上，使他接受某個職位。就好象在舊約裡的君王、祭司及先知，都是用橄欖油來抹在他們的頭上，使他們受膏接受神所給他們的職分。

時代已經過去了。如果你們想要得到什麼的話，就應該實踐和平、中庸與仁慈的行為。」

在這本充滿著英雄氣概的宣傳冊裡，笛福滔滔不絕地談論著個人的看法，最後他提出了這項建議「如果一條嚴苛的法律被制定出來，並得到了完全的執行，即每一個參加非國教派祕密集會的人，都要面臨被驅逐出境的命運，而那些非國教徒的牧師則會遭受絞刑，那麼我們就能看到這個故事的最終結局 —— 他們將會全部皈依我們的教會，在不到一代人的時間裡，我們這個國家就只會存在一種宗教。」當然，這是笛福嘲笑那些教會人士壓迫非國教徒的一種做法。他找到了很多支撐論點的論據，他列舉了路易十四國王在鎮壓胡格諾派[31] 方面取得的成功。笛福認為，任何執行不徹底的政策，像是要求那些一個月內沒有前去參加聖餐禮的人交出五先令罰款這種小打小鬧的做法，是無法讓非國教派的成員臣服的。「任何想要透過罰金的方式去達成目的做法，都是愚蠢的。這只會讓他們因為自己遭受懲罰而感到光榮。如果我們使用了絞刑架而不是罰款，那麼他們就再也不會將參加非國教祕密聚會當成是一種光榮的行為，任何在這種祕密聚會場合發表布道演說的人，或是那些前去聆聽的人，都要遭受超乎他們想像的懲罰 —— 只有這樣，那些想要為他們教派殉道的情況才會徹底消失。那些非國教徒就會嚴格聽從治安官或是市長的話，他們寧願一個星期

---

31 胡格諾派（Huguenots），基督教新教喀爾文教派在法國的稱謂。胡格諾派在法國曾長期遭受迫害，還爆發了曠日持久的戰爭。在政治上反對君主專制。

前往四十次教會，也不願意被絞死。」「現在，讓我們將那些小偷釘在十字架上吧。」笛福在這本宣傳冊的結尾處提出了這個充滿好鬥精神的建議，「願全能的上帝讓每一個朋友都能夠擁抱真理，讓他們提升自身的行為標準，反對任何驕傲或是反對基督教的行為。只有這樣，那些犯下了錯誤的人的後代，就會永遠從這片土地上的消失了。」

在這本宣傳冊裡，笛福將自己的觀點與立場完全隱藏起來了，他對那些不可一世的野心家的諷刺是那麼鮮活。讀者乍一看，就會懷疑《對付反對者最簡便的方法》是否是某位諷刺作家或是狂熱分子所寫。當事實的真相很快被披露之後，那些非國教徒對待笛福的態度，也沒有比之前好多少，因為他們認為笛福所提到的這些建議是非常嚴肅的。這些非國教徒身為少數派，會表現出一種天然的羞澀感，因此他們無法領略笛福在這本宣傳冊裡所表達出來的幽默感。笛福創作的這本宣傳冊的名稱，足以讓這些非國教徒們感到懼怕與顫抖。唯一能夠從這本宣傳冊裡感受到幽默與有趣的人，就是那些輝格黨黨員[32]。據說，一些高教派人士在初讀笛福的這本宣傳冊時，並沒有熱烈贊同。反而是當他們發現笛福要了他們之後，變得極為憤怒。女王陛下身邊的托利黨[33]牧師，認為他們有必要針對笛福採取

---

32 輝格黨黨員（Whigs），輝格黨和托利黨這兩個政黨名稱都起源於 1688 年的光榮革命，一般認為他們是最早出現的資產階級政黨。輝格黨標榜實行「自由的、開明的原則」，反對君主制，擁護議會制度，18 世紀初曾長期執政達 40 餘年。但 19 世紀走向衰落，後來演變為英國自由黨。

33 托利黨（Tories），在 1679 年議會討論詹姆士公爵是否有權繼承王位時，贊成的人則被政敵稱為「托利」。托利一詞源於中世紀愛爾蘭語的「亡命

法律手段，因為當時這本宣傳冊的作者身分已經是一個公開的祕密了。在得知這個消息之後，笛福就馬上躲了起來。一些人在報紙上刊登廣告，表示誰能發現笛福的行蹤，並報告上去，就能獲得一定的獎賞。關於笛福逃亡之旅的描述也是很有趣的，這份報紙上刊登關於笛福的容貌描述，也是我們目前唯一能找到的相關資料。當然，在笛福作品合集的扉頁裡，我們也能找到有關笛福的人物畫像，這幅肖像的刻劃與下面這一段內容的描述是相當吻合的：

「笛福是一個中年人，大約四十歲左右，有著棕色的皮膚，一頭深棕色的頭髮，但他喜歡戴著假髮，長著直鷹鉤鼻，有著尖銳的下巴，一雙灰色的眼睛，嘴巴附近有一顆痣。他生於倫敦，多年來在康希爾地區的弗里曼從事著長襪的生意。現在，他是艾塞克斯地區蒂爾伯里堡附近磚廠的所有人。」

這份懸賞廣告刊登在 1703 年 1 月 10 日的報紙上。與此同時，與那本宣傳冊有關聯的印刷工與出版商都遭到了逮捕。躲在安全庇護所裡的笛福開始對自己創作那本宣傳冊的事情進行解釋，聲稱他的那本宣傳冊，根本沒有涉及到當時國會正在討論的公共法案，也沒有與議會或是政府討論的任何關於非國教徒的事情存在關聯。笛福還表示，他也是鮮明反對間或偶奉國教法的人。而他在這本宣傳冊裡所揭露的只是那些拒絕效忠女王陛下的那些人的偽善面目。他還提到了他所創作的幾本書裡

之徒」（tóraidhe），是政敵對托利黨黨員的蔑稱，後來沿用成習。托利黨黨員是指那些支持世襲王權、不願廢除國王的人。19 世紀演變為英國保守黨。

第三章　不信奉國教的殉道者？

都表達了相同的目的，雖然他在闡述這些目的的時候並不是那麼的明確，但他的觀點是一致的。但是，政府並不認可笛福的辯解。在女王陛下的那些顧問眼裡，笛福的這本宣傳冊代表著充滿惡意的攻擊，並且將攻擊的目標直指女王陛下。這些顧問表示，笛福創作這本宣傳冊，目的就是「誹謗教會黨派，將教會的存在視為一種壓迫的憲政，並且為那些暴徒的所作所為提供合理辯護」。當笛福發現政府那邊的人根本不理睬他的辯解後只好勇敢地走出來，他這樣做，只是為了不牽連其他人。2月 24 日，笛福遭到指控。25 日，《對付反對者最簡便的方法》這本宣傳冊引起了下議院的關注。最後，下議院通過議案，要求燒毀這本宣傳冊。笛福的審判在 7 月舉行，他的煽動誹謗罪名成立，還要支付兩百英鎊的罰款給女王陛下，並遭受三次頸手枷[34] 的刑罰，且用他的資產作為擔保，確保在接下來的七年裡都要遵紀守法。

笛福後來抱怨說，他在過著富裕生活時，曾經幫助過的三位非國教牧師，在他被關在紐蓋特監獄[35] 裡的時候，他們卻一次都沒有前去看望他。毫無疑問，這三位牧師的行為是缺乏仁慈之心的，但是笛福做出的這種抱怨，也確實是不夠厚道的。

---

34 頸手枷（pillory），用木頭製成的巨大枷鎖套在犯人的脖子上，同時將雙手被固定在枷鎖的兩側，這樣雙手和枷鎖的重量都落在脖子上，非常痛苦，並要遊街示眾，受到街上人群的唾棄，是一種肉體折磨加精神羞辱的刑罰。

35 紐蓋特監獄（Newgate Prison），位於倫敦市紐蓋特街（Newgate Street）和老貝利街（Old Bailey）的拐角處。原址坐落於倫敦羅馬牆上的一個門——新門。該監獄重建於 12 世紀，在 1904 年拆毀。它經過多次的擴建和重修，最終投入使用是從 1180 年到 1902 年，長達 700 多年的時間。

如果他請求得到牧師的幫助，他們有很多理由認為這是笛福厚顏無恥挑釁行為的象徵。雖然笛福是因為嘲笑那些野心家而被關在監獄裡，但是倘若我們將他視為一位殉道者，這就是錯誤的。我們只能說，笛福是誤打誤撞被關在了監獄裡。據我們現在的了解，他是因為《宗教寬容法》方面的事情被關在監獄裡的。而那些非國教徒也因為這件事首當其衝受到影響。在笛福遭受審判與定罪之前，被關在監獄裡的時候，他再次創作了一本名為《通向和平與聯合的捷徑》（*The Shortest Way to Peace and Union*）的宣傳冊，寫到了他對《宗教寬容法》更為詳細全面的觀點。笛福所提到的《宗教寬容法》，其實是得到一些溫和的輝格黨黨員支持的，在威廉三世統治期間也是受到支持的，現在卻變成了一部關於在宗教領域層面實施寬容政策的法律。事實上，笛福提出的建議與查爾斯·萊斯利[36]在《新協會》（*The New Association*）這本宣傳冊裡提出的觀點是完全一致的，都是充滿著諷刺精神的文章。萊斯利在這本宣傳冊裡提出，非國教徒不得在政府部門裡擔任職務，並且應該為自己能夠擁有宗教崇拜自由而感到知足。在非國教徒這個問題上，笛福敦促他們透過自願撤回的方式，以此避免採取強制性的排外措施。雙方極端的做法都應該遭受壓制與打擊。比方說，非國教徒一方的極端主義者，就是那些不滿足於按照國家要求所得到的崇拜自由，除了獲得宗教崇拜自由之外，還想要獲得擔任公職的權利。笛福認為，對英格蘭的非國教徒而言，接受英格蘭地方長官所負

---

[36] 查爾斯·萊斯利（Charles Leslie, 1650-1722），愛爾蘭教會牧師。光榮革命後，詹姆士黨的領袖之一。

第三章　不信奉國教的殉道者？

責的教會的管理，是最符合他們利益的。笛福用往常自相矛盾的堅定直白的口吻對那些同一教派的人表示，「他提出這個建議的首要動機，就是希望他們不要失去政府對他們的信任。」當我們考慮到笛福在公共事務上所扮演的積極角色時，就不會對笛福支持這種剝奪非國教徒擔任公職權利的做法，讓非國教徒感到惱怒的事情感到驚訝了。非國教徒的牧師拒絕承認笛福是他們中的一員。事實上，身為非國教徒，笛福並沒有受到當時掌權的托利黨迫害，反而是受到了輝格黨領袖的迫害。

但即便如此，也無法減輕笛福所遭受的刑罰。1703 年 7 月的最後三天，笛福，這位喜歡創作諷刺文章去諷刺別人的人，被套上了頸手枷示眾，地點在坦普爾柵門附近的齊普賽大街，靠近康希爾地區的倫敦交易所。不過波普 [37] 所寫的這句詩是並不是那麼準確：

　　被割下耳朵的笛福，面無愧色地站在大街上。

事實上，笛福並沒有像很多人所傳說的那樣，被割下了耳朵。對笛福來說，他也根本找不到任何羞愧的理由。他受到那些暴徒的虐待方式，與那些反詹姆士二世黨的富勒的待遇是完全不同的。富勒是一個下流的流氓，曾試圖透過宣揚希瓦利埃是一個虛構的孩子，去賺幾英鎊的錢。而創作出《道地英國人》的笛福，是一個受到民眾歡迎的人。他被套上頸手枷走

---

37 波普（Alexander Pope, 1688-1744），18 世紀英國最偉大的詩人。波普是第一位受到歐洲大陸關注的英國詩人，他的著作被翻譯成歐洲多國語言。他是啟蒙運動時期古典主義的代表，他的作品可分為田園詩，諷刺詩和哲理詩及翻譯作品四大類。代表作：《秀髮劫》（*The Rape of the Lock*）、《群愚史詩》（*The Dunciad*）、《論人》（*An Essay on Man*）等。

在大街上的場景，對他來說是勝利，而不是人生的汙點。在笛福遭受懲罰的地點四周，很多他的崇拜者都在觀看，很多人都往他這邊扔來了鮮花，而不是像對待傳統意義上的犯人那樣扔來垃圾。很多人都為了能夠見到笛福，而喝下了一大杯的麥芽酒。很多民眾喜歡笛福所創作的那些詩句，同時為他勇於挑戰政府權威而感到由衷的敬佩。

隨著笛福適時地出版了《枷具讚歌》（*A Hymn to the Pillory*）這本宣傳冊之後，民眾的熱情被激發起來了。在這本宣傳冊裡，笛福大膽地宣布他所遭受的刑罰是完全不公正的，並且指出政府應該在量刑方面做得更為恰當。笛福表示，無神論者應該站出來，那些放蕩的花花公子、欺騙成性的股票經紀人、那些狂熱的詹姆士黨黨員、那些帶給英格蘭艦隊恥辱的指揮官們，都應該站出來。在笛福看來，他唯一的錯誤，就在於世人不理解他的良苦用心。不過話又說回來，笛福愚蠢地認為民眾會將他表達的觀點當成一種諷刺，因此他遭受這樣的懲罰，也算是對他這種愚蠢想法的一種懲罰吧。看來，雖然政府將笛福關在紐蓋特監獄裡，但是，他們在面對民眾強烈支持笛福的輿論浪潮時，也不敢將笛福當成一名普通的監獄犯來看待。在監獄裡，笛福不僅有創作的自由，而且他還找到一些將自己的手稿拿給印刷工人進行出版的管道。笛福也充分利用了這樣的管道，憑藉著不可動搖的意志與豐富的創作才華，我們可以找到笛福在人生每個階段裡活得精彩的原因。特別是在笛福身處逆境的時候，他所表現出來的堅毅品格，是值得我們敬佩的。在他遭到逮捕與定罪的這段時間裡，他就用自己的雙手創作了很

第三章　不信奉國教的殉道者？

多文章，與政府進行著一場激烈的戰鬥——一方面，他想辦法安撫政府內部的強硬人士；另一方面，他努力爭取普通民眾的支持。笛福希望向政府證明，他創作的所有作品都只是在表達一種謙虛適度的觀點，並沒有表達一些過激的觀點。除此之外，笛福表示自己對《新聯合》這本宣傳冊裡提出的原則性建議，並沒有任何反感的地方。笛福出版了《〈道地英國人〉作者著作集》（*A Ture Collection of the writings of the author of True-Born Englishman*），向大眾證明了他持有相同的觀點。但是，笛福同時創作了名為《更多的改革，關於諷刺自己》（*More Reformation, a Satyr Upon himself*）的宣傳冊，希望能夠激發大眾對他的憐憫之心。在這本宣傳冊裡，笛福抱怨自己的愚蠢，表示自己不應該處心積慮地帶給政府民眾壓力，不應該為了個人的利益而做出錯誤的選擇。儘管笛福做出了這樣的妥協，最後他還是被定罪了。因此，笛福對政府表現出了更加強硬的態度。他創作了《枷具讚歌》這本宣傳冊。在笛福遭受頸枷刑罰的時候，很多圍觀的人都在閱讀著笛福的這本宣傳冊。

> 「他就像一個象形文字創作出來的機器，
> 目的是要懲罰任何幻想。」
> 「過來吧！」笛福在最後的結語裡大聲疾呼：
> 「告訴 M，讓他淪落到這個下場的，
> Sc 會一直存在嗎？
> 他們會對他被定罪感到茫然無措，
> 因為他沒有犯下任何罪過。」

「M」所指的是人類，而「Sc」所指的是醜聞。笛福為使用這種單詞縮寫的古怪方式而感到高興。事實上，這樣的使用方法，在笛福那個時代是很普遍的，雖然我們現在並不會這樣使用了。

笛福在《枷具讚歌》這本宣傳冊裡表現出無所畏懼的勇氣，需要以恰當的方式去進行評價。因為當時的暴徒喜歡表現出野蠻人習慣性的憤怒情感，因此笛福表現出來的情感，是這些人非常樂意見到的。在遭受了頸枷刑罰之後，笛福被帶回到了紐蓋特監獄，一直關到女王陛下消氣為止。對於笛福這樣一位有著勇敢秉性的人來說，被關在紐蓋特監獄裡的遭遇，並不怎麼讓他感到難受。笛福並不是那種不願意與小偷、強盜、偽幣製造商或是海盜關在一起的人。相較於對這些人的厭惡之情，他對這些人表現出了更加強烈的好奇心。對笛福來說，紐蓋特這座監獄有著某種特殊的魅力，就好比即便是在一間充滿著各種可怕疾病的醫院裡，我們都能夠找到一位熱心的醫生。笛福聆聽這些獄友講述他們充滿傳奇的冒險經歷，度過了很多愉悅的時光。除此之外，政府也不敢剝奪笛福在監獄裡進行寫作與出版的權利。笛福所擁有的特權，讓他能夠在監獄裡依舊發表著文章，影響著外面的大眾。笛福因言獲罪的結果，是讓他在大眾心目中，成為一個具有品格的殉道者，因此，大眾讀者都想要聆聽這位天性樂觀的人，在監獄裡所受到的各種痛苦感受。笛福將自己在提伯利的波形瓦磚廠的失敗，歸結為自己沒有親自進行管理。但是笛福在獲得自由之後，親自負責管理這座磚廠，取得了成功。因此，我們可以說，笛福並不應該為

找尋這樣的理由而感到遺憾。笛福在監獄裡仍然能夠如魚得水的情況，絕對不是那些迫害他的高教會派人士所樂意看到的。笛福本人就曾大聲地抱怨，他從國王身邊的紅人到被關在監獄裡，只有短短幾個月的時間。不過，整體來說，笛福在紐蓋特監獄裡的生活還是快樂的，這與他在白廳生活時的感覺沒有什麼區別。笛福的妻子與六個孩子得到了大眾極大的同情，笛福的家人所遭受的困境，也得到了很多人的幫助。

在創作了《枷具讚歌》這本宣傳冊之後，笛福再次運用手上的筆桿，發表了抨擊那些為踐行間或偶奉國教行為正名的非國教牧師。笛福不止一次表示，他與那些極端的非國教派人士沒有任何關係，因為這些極端的非國教派人士正在努力地反對他們所信仰的宗教，因此這些人是不應該得到大眾的信任的。不過，當宮廷內的黨派勢力格局發生改變的時候，笛福很快就找到了一個與另一個極端教派脫離關係的理由。在溫和的托利黨黨員馬爾博羅、戈多芬[38]以及他們那些重要的同盟者，包括公爵夫人等人的幫助下，女王陛下逐漸對激進的托利黨黨員失去了信任。按照斯威夫特的說法，女王陛下從登基之後，就開始厭惡她之前那位知心朋友弗里曼女士。雖然女王陛下在身邊這些親信的束縛下，可能有受到一些掣肘，但她還是無法立即從那種專制的意志所帶來的束縛中掙脫出來。公爵夫人認為，激進的托利黨黨員更加喜歡戰爭，而她丈夫的榮譽與利益都與

---

38 戈多芬（Sidney Godolphin, 1st Earl of Godolphin 1645-1712），17 世紀末和 18 世紀初的英國主要政治家。在擔任第一任財政部長之前，他是北方部的樞密院長和國務大臣。

此有著密切的連繫。因此，她堅定地站在反對激進托利黨黨員的立場上，運用各種手段去瓦解這些人在宮廷內的勢力。她不斷地向女王陛下灌輸這樣的思想，讓她覺得為了更好地解決英格蘭所面臨的外部問題，首先就要保持國內的和平與統一。兩黨的溫和派人士肯定會堅定地站在女王陛下身旁。雙方的激進派勢力必須要遭到打壓。為此，政府派出了許多間諜，這些間諜記錄下了諸如「一個脾氣暴躁且憤怒的人」等字眼，而被做出這樣評價的人，都會被視為對女王不利的人。女王安妮是一個缺乏堅韌精神的孱弱之人，但她最後還是深信有必要這樣去做。她最終還是對那些蠻橫無理的黨派鬥爭感到憤怒，因此高教派在宮廷內的勢力受到了打壓。

根據斯威夫特的說法，沒有誰比女王陛下能更好地掩藏起自己真實的情感。高教派第一次隱約感覺到女王陛下立場的轉變，是在女王陛下於 1703 年 11 月 9 日國會的開會演說中。在這篇演說裡，女王陛下用懇切的言辭表示，希望國會兩黨能夠避免任何毫無必要的鬥爭，以及可能出現的分裂。笛福敏銳的政治嗅覺立即感受到了政治風向的轉變，並且馬上投身其中。不管笛福是否將自己遭到迫害與監禁的原因歸結為時任國務卿的諾丁漢公爵，還是笛福從他那些輝格黨的朋友那裡得到暗示，我們無從得知。但是，笛福立即抓住時機，在監獄裡創作了針對高教派的宣傳冊。在他所創作的《和平的挑戰，致全國民眾書》(*Challenge of Peace, addressed to the whole Nation*) 裡，笛福將這些高教派人士貶低為那些貪婪的教堂禿鷹，而那些教會的牧師則是鷹身女妖。在這本宣傳冊裡，笛福表示，真正造

第三章　不信奉國教的殉道者？

成內鬥與分裂的原因，正是這股高教派勢力，而不是那些非國教徒。笛福表示，只有清除這些高教派勢力，英格蘭國內才能實現和平與統一。

「首先，薩謝弗雷爾那面反抗的血色大旗，並不能使我們走向和平與統一的道路。消滅非國教徒，也並不是實現統一的捷徑。進行政治迫害，違背法律原則，限制公民自由，或是強迫別人改變宗教信仰，這些都不是通向統一的途徑。而實現英格蘭國內的和平與統一，是女王陛下一再強調要實現的目標。」

「其次，廢除或是修改過去的《宗教寬容法》，並不能帶給整個社會想像中那麼多的幸福。但是，倘若我們重新恢復這部法律，就會讓一個教會對另一個教會進行劫掠，並且將另一個教會逐出英格蘭，剝奪這些教會的特權。這就恢復了之前那些國王統治時期的鎮壓與殘暴。要是以這樣的方式去做，是絕對不可能實現國內的和平與統一的。而實現國內的和平與統一，是每個人都想要實現的目標。」

「新協會及他們提出的建議，就是要讓每個人都能夠獲得保持不同思想自由的權利，同時剝奪那些非國教徒在選舉國會議員的選舉權。這樣做絕對不是實現國家和平與統一的方法。」

「充斥著抱怨指責的宣傳冊，對我們那些遭受壓迫的同胞進行醜化，將他們描繪成穿著熊皮的狗在大街上行走，然後引誘他們反抗，這絕對不是實現國內和平與統一的方式。」

「充斥著抱怨指責的布道演說，激發民眾對他們同胞的仇

恨與鄙視情感，只是因為這些人與他們有著不同的觀點或是宗教信仰，這絕對不是實現國內和平與統一的方式。」

「除非那些非國教徒能夠遵循英格蘭國教儀式，否則就要讓這些人失業，讓他們無法為女王陛下與整個國家貢獻自己的力量，這絕對不是實現國內和平與統一的方式。」

「毫無根據地指責國會投票通過的繼承權決議，想要恢復已故詹姆士國王被廢除的名號以及他那些後代的繼承權，這對於國內實現和平與統一是毫無幫助的。」

「違背間或偶奉國教的法律，要求那些想要擔任公職的人完全遵守這部法律，同時強迫他們以此作為擔任公職的前提條件，這對於實現國內和平與統一是毫無裨益的。」

在這段話裡，笛福似乎更多地將他那些非國教徒的兄弟們結合起來了，而不是像之前那樣疏遠他們。對笛福來說，這是不容易做到的。因為在他之前公開出版的文章表現出來的觀點，都是反對間或偶奉國教的行為，並且表示非國教徒應該將地方長官的職位留給教會人士。因此，笛福既想要表示自己的全新立場，同時又不被其他人說是前後矛盾，這是很難做到的。當然，笛福這種自相矛盾的指責是每個人都可以做到的，因為要是將笛福的文章收集起來進行閱讀，我們就可以發現這些文章的觀點都是前後矛盾的。但是，笛福勇敢地面對任何人的指責。在笛福看來，非國教徒不應該踐行間或偶奉國教法，但是如果他們能夠在宗教信仰與自身良知之間達成妥協，那麼他們就不應該因為這樣做而遭到任何臨時性的懲罰。在笛福看來，非國教徒不應該擔任地方長官的職位，但若是將非國教徒

排除在擔任這些職位的資格之外，又是一種迫害的行為。在笛福所創作的很多思想深刻且具有諷刺性的宣傳冊裡，他始終堅持著這些觀點。與此同時，他懷著無所畏懼的勇氣，以最激烈的口吻攻擊那些指責他之前創作的作品的人。笛福會選擇忽視他之前所表達出來的觀點，而毫無保留地闡明自己的立場，即《間或偶奉國教法》違背了《宗教寬容法》。笛福的《對付反對者最簡便的方法》與漢弗萊‧麥克沃思[39]的《國內的和平》(*Peace at Home*) 這兩本宣傳冊，在思想觀點方面其實並沒有什麼明顯的差異。但是，笛福卻用激烈的語言攻擊麥克沃思的這本宣傳冊，這表示幾乎在所有國家裡，非國教徒都開始意識到，他們在國家事務中是占據一席之地的。與此同時，笛福從未偏離他那「溫和」的觀點。他始終認為，非國教徒應該在國家事務中占據一席之地。要是高教會派的勢力遭到清洗，溫和派人士成為女王陛下的幕僚，那麼非國教派人士就完全有感到滿意的理由。他們會默認這樣的政府部門，及由低教會派人士擔任地方長官。

笛福對高教派托利黨黨員的攻擊，既沒有被政府封鎖，也沒有遭到政府的報復，雖然當時的笛福身處監獄，任由這些人宰割。在 1703 年到 1704 年的整個冬天，雖然政府部門內部的激進人士在下議院裡占據多數席位，但是他們都察覺女王陛下對他們的態度越來越冷淡了。他們之前在女王陛下心中的

---

39 漢弗萊‧麥克沃思（Sir Humphrey Mackworth, 1657-1727），英國工業家和政治家。他在 18 世紀初參與了商業醜聞，並且是促進基督教知識協會的創始成員。

崇高地位已經大不如前，他們想要繼續控制國會，從而獨立的想法變得越來越強烈，這也讓女王陛下對他們的戒備心越來越強烈，這讓他們雙方之間的裂痕越來越大。最後，這場危機終於爆發了。諾丁漢公爵採取了鋌而走險的一步，表示除非薩默塞特公爵與德文郡公爵從內閣人員名單中消失，否則他就要辭職。讓諾丁漢公爵感到驚訝與不解的是，他的辭呈竟然被女王陛下接受了（此時是 1704 年）。與此同時，與諾丁漢公爵同屬一個黨派的另外兩個人也遭到解職。

接替諾丁漢公爵的人選是羅伯特·哈利[40]，之後他成為牛津與莫蒂默地區的伯爵。他在晚年表現出了對文學的熱愛，因為他將這個時期的文稿都收錄起來，編輯成《哈利文集》。從斯威夫特的記載裡，我們可以知道，哈利公爵深知在新聞界內擁有盟友是一件多麼重要的事情。他在 1704 年 5 月頂替諾丁漢公爵擔任國務大臣。上任之後，他採取的第一個舉動，就是傳遞這個資訊給笛福：「請問問他，我能夠為他做點什麼。」笛福在回覆裡，將自己比喻成寓言故事裡的那些盲人，並且對哈利公爵的話進行了一番釋義：「公爵，我想要獲得我的視力。」不過，笛福無法立即獲得自由。但是，透過哈利的影響，笛福還是在這一年的 7 月底 8 月初的時候被釋放了。笛福後來說：「女王陛下還專門詢問過他的遭遇與家庭生活狀況，並且要求財政部長戈多芬送了一筆數量可觀的錢給他的妻子與家人，另外還

---

40 羅伯特·哈利（Robert Harley, 1st Earl of Oxford and Earl Mortimer, 1661-1724），英國後期斯圖爾特和早期格魯吉亞時期的政治家。在開始擔任新保守黨部門之前，他的職業生涯始於輝格黨。他於 1711 年被提升為英國貴族的伯爵。在 1711 年至 1714 年間，他擔任高級財政部長。

第三章　不信奉國教的殉道者？

讓戈多芬拿出一筆錢，幫笛福償還罰金，又給了他一筆補償費用。」

那麼笛福是在什麼條件下被釋放的呢？根據笛福在出獄後立即創作的《〈道地英國人〉作者的輓歌》（*Elegy on the Author of the True-Born Englishman*）裡，我們可以知道，笛福需要在接下來的七年內保持沉默，或是至少「不去創作某些人不喜歡讀到的文章」。對大眾來說，笛福就代表著殉道者的形象，認為政府是在迫不得已的情況下才釋放他的，並且不允許笛福像之前那樣發表攻擊性文章，否則就要遭受嚴重的刑罰。

「我站在這裡，

緊閉著雙唇，卻可以揮動雙手，

就像一個走進陰影裡的詩人。

但是，我的舌頭被封住了，無法說話。

這是遭受迫害的憲政，

也是為合法的專制政權做出的犧牲。」

「先生們，」笛福曾用幽默的口吻對他的敵人說，「恥辱並不能擊倒一個人。請記得將你們諷刺政府的文章寄給我。因為在接下來的七年裡，這位真正的英格蘭人無法再繼續進行創作了。」

「在長達七年的時間裡，我要保持沉默，

也許到那個時候，我會忘記如何說話。」

笛福的這篇輓歌被允許出版，作為他最後的演說與最後的

坦白：

> 「當作惡者臨死的時候，
>
> 他們會獲得非彼尋常的自由，
>
> 言論自由不分你我，
>
> 他們會讓他們盡情地說，因為這是他們最後一次說話。」

　　大眾很難從笛福在這些文章中推測出來笛福在離開監獄之後，很快就進入了政府部門工作。笛福獲得了政府的任命，進入情報部門裡工作，也就是說笛福會領到女王所給予的薪水。當後來有人問他這是否是哈利公爵的指示時，笛福表示否認，但他承認存在著某些「投降協議」，這是他為了寫作的自由而訂定的。在他看來，這只能是源於他對那些幫助他的人的一種感激之情。我們完全有理由相信，即便是這樣，這也不是全部的事實真相。威廉·李最近收集到的資料，不禁讓我們對笛福是否一直與輝格黨領袖私下保持聯絡抱持懷疑態度。關於這個問題，我們永遠都無法得到真正的答案了。那位真正的英格蘭人已經死了。那位當年在威廉三世身邊直言進諫的笛福已經不見了。之後，他服務過兩位君主，每一次都說服自己只為國王服務，並且試圖說服大眾，雖然很多人影射他的為人，但他從來都是服務於大眾與自己，而不是其他任何人。後來，笛福身為自由作家在政府可以容忍的限度內進行創作。

　　關於笛福所創作的最偉大政治文章，我必須要用單獨一個章節來進行闡述。這些文章是笛福被關在紐蓋特監獄期間所創作的《評論》文章。笛福在同一時期創作與出版的另一部

第三章　不信奉國教的殉道者？

作品，同樣值得我們從不同的立場下給予關注。笛福對發生在 1703 年 11 月的那一場政治風暴的紀錄《那場在海洋與大地上最可怕的風暴所帶來的巨大災難與傷害》（*A Collection of the most remarkable Casualties and Disasters which happened in the late Dreadful Tempest, both by Sea and Land*），可以說是笛福首次創作的這種類型的作品。笛福在這本書裡進行了最為細緻與詳盡的描述，裡面包括了許多見證了這場政治風暴帶來直接影響的當事人的信件。當時身在紐蓋特監獄裡的笛福，可能沒有親身感受到這場政治風暴，但是這裡面收錄的信件是極為真實的。笛福將其他方面的細節收錄起來出版。不管怎麼說，我們都可以認為，笛福在這場政治風暴的紀錄，與他的《大疫年紀事》[41]或是《一個騎士的回憶錄》[42]一樣，具有真實的歷史性。當然，書中所記錄的許多事情，都要歸功於他所擁有的強大想像力。

---

41 《大疫年紀事》（*A Journal of the Plague Year*），是丹尼爾・笛福於 1722 年 3 月出版的小說。這部小說描述在 1665 年身處大瘟疫襲擊的倫敦城。這本書大致按時間順序敘事，但沒有分篇章或也沒有章節標題。雖然看來是在事件發生的幾年後所寫，本書實際上是在實際出版的數年之前所寫作，本書於 1722 年 3 月第一次出版。笛福在 1665 年時只有 5 歲，而這本書出版時作者的名稱縮寫為「H.F.」，這本小說很可能是基於笛福的叔叔亨利・笛福當時留下的紀錄所作。書中，笛福不厭其煩、鉅細靡遺地描述具體的社區、街道，甚至是哪幾間房屋發生瘟疫，以達到效果逼真。此外，它提供了傷亡統計表，並討論各種不同記載、軼事的可信度。本書往往被跟瘟疫當代的記載相比，尤其是山繆・佩皮斯的日記。笛福的記述雖然是虛構的，但比起佩皮斯的第一人稱敘事，更為詳細和系統。

42 《一個騎士的回憶錄》（*Memoirs of a Cavalier*），是丹尼爾・笛福於 1720 年出版的小說，描述三十年戰爭和英國內戰的歷史小說。

第四章
關於法國事務的評論

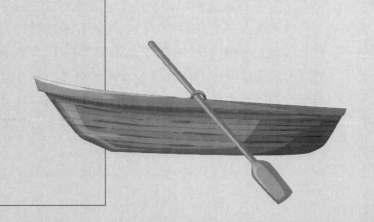

第四章 關於法國事務的評論

　　對於笛福這樣一位身在紐蓋特監獄裡的犯人來說，想要創辦一份完全由自己主筆的報紙，來「清除市面上有失偏頗的報導以及各種專注於政治鬥爭的內容」，的確是一個大膽的想法。當然，笛福所創作的《評論》，無論是從其版面或是內容層面來看，都是無法與當代的報紙相提並論的。在《評論》的第一階段，就是只有八張四開的紙張。出版了兩期之後，被縮減為四頁。但是，笛福使用了更小的字體，因此裡面所講述的內容與之前八張紙時候的內容，在文字量方面大致持平——這些內容的篇幅大約與當代兩篇頭版差不多。首先，這份報紙是每週出版一次的，在出版了四期之後，變成了雙週出版，一直持續了一年的時間。

　　就《評論》的特點來看，我們很難找到與此類似的其他報紙。在那個時候，這份報紙與之前的任何報紙相比，在內容與形式方面都是完全不同的。在之前出版的報紙當中，與之最為接近的要數《觀察家》[43] 了，這是一份由性情古怪的約翰·圖欽所創作的單週期刊報紙，這份報紙主要談論政治以及社會方面的事情，並且主要是以對話的形式呈現。當時《觀察家》報的一大特色，就是大篇幅地討論與個人醜聞相關的內容。不過，在笛福眼裡，透過報紙來傳播這樣的個人醜聞，是毫無意義的，所以他對此不是很感興趣。正如笛福所說，他知道大眾讀者想要從閱讀中感受到樂趣。他也在這份報紙裡專門開闢了一個欄目《醜聞俱樂部》，或者稱為《來自醜聞俱樂部的建議》，

---

43 《觀察家》（*The Observator*），1702 年由英國輝格黨黨員、記者約翰·圖欽創辦的政治類報紙。

這個欄目專門講述過去一週裡發生的各種荒唐、淫亂、醜陋與墮落的行為。在這個充滿吸引力的標題下，笛福主要關注當代醜聞，並且會對一些醜聞人物進行一番批判。因此，這位真正的英格蘭人因為報導了太多醜聞，引發了很多人對他的訴訟。笛福正是透過這個欄目，去將當時的新聞報紙，包括《郵差報紙》、《倫敦郵報》、《飛郵報紙》以及《每日新聞報》等報紙存在的錯誤解析出來。因為，身在監獄裡的笛福，在了解時事方面根本不具備任何優勢，因此他無法假裝在這方面比身在監獄外面的人了解更多的資訊。笛福主要揭露地理與歷史學方面的錯誤。笛福開辦《醜聞俱樂部》這個欄目，主要是用來吸引讀者在茶餘飯後關注的目光。隨著時間的流逝，這個欄目所展現出來的那種矯揉造作的愉快感，漸漸讓人感到索然無味。正是因為《評論》報紙上那些嚴肅版塊的內容，笛福才真正展現出其個人的才華。笛福這樣做，無非就是想要將真實的畫面展示出來，希望能夠透過自己手上的筆，將「公正準確的歷史知識傳遞出來」，將發生在歐洲各國國內的事情以及外交方面的事情表達出來。笛福認為，在這樣一個充滿騷動的時代裡，英格蘭人非常有必要了解歐洲各國的國力以及政治方面的利益。笛福無法告訴他的讀者每一條新聞背後到底發生了什麼具體的事情，但他能夠向他們解釋歐洲大陸各國採取各種政策背後的原因。笛福能夠告訴他的讀者，現在歐洲各國所採取的政策，是如何受到過去的歷史以及現在國家利益影響的。笛福懂得如何去衡量這些國家目前所掌握的資源與力量，知道某些國家與其他國家結盟到底是出於什麼利益上的考量。笛福希望他的讀

者對目前歐洲大陸這盤棋局上各位選手的表現充滿興趣。事實上，正如笛福在闡述個人的目標時所說的，他想要透過《評論》這份報紙，不斷地將之前的歷史闡述出來，讓讀者首先了解過去的世界，然後再根據過去的歷史，去評判未來的歷史走向。

　　笛福這個想要教育大眾讀者的卓越計畫，被他以無與倫比的文學才華以及充滿個人風格的文字風格得到了完美的執行。笛福對自己要談論的主題瞭若指掌，他閱讀了手頭上的每一本歷史書，他當年與威廉三世的接觸，讓他能夠親身感受到採取一種政治舉措背後的主要原因。正是這樣的經歷與學習，讓他在心中對英格蘭的外交政策走向有了一個明確的認知。了解如此多的事實以及對如此錯綜複雜的政治利益進行條縷分析，這肯定會讓一般人感到困惑，感覺自己走入了一個無法走出去的迷宮，但是笛福卻能夠用老道而又充滿活力的自在方式，輕易地進行剖析與預判。笛福掌握了許多吸引讀者持續關注的藝術手法。當他被關在紐蓋特監獄的時候，從第一期《評論》雜誌在 1704 年 2 月 19 日出版開始，笛福就從來沒有浪費自己所擁有的堅定決心以及自信的能力。在他所創作的名為《法國事務的評論》（*Review of the Affairs of France*）的文章裡，笛福就深刻披露解析出法國的歷史發展，並妥善應用了大量看似自相矛盾的悖論來論證觀點，並揭露客觀存在的深刻歷史教訓。漸漸的，笛福似乎偏離了原先的主題，談起了瑞典與波蘭方面的事，並且不斷談論著關於匈牙利這個國家的歷史。讀者經常會這樣發問：「談論這些國家的歷史，與當前的法國事務有什麼

關係嗎？」笛福用反駁的口吻說：「你們對我的了解是多麼膚淺啊！你們耐心地等待我完成這部作品後就會明白，無論我在前面談論的內容看起來多麼偏離了原先的主題，事實上我始終都嚴格遵循著自己想要談論的主題在環環相扣地論證。在屋頂尚未鋪好之前，千萬不要像你們評判聖保羅那樣去評判我。你們要明白，我真正想要解釋的事情，並不是發生在法國內部的事情，因為法國的事務其實就是歐洲的事務。法國目前所擁有的財富是如此龐大，他們的國力是那麼強大，他們的軍隊是那麼強大，因此他們的君主在整個歐洲大陸上都是最具權勢的人，他們會為了推動自身的發展並獲取利益，而不惜犧牲其他國家的利益。」

　　笛福喜歡使用一些看似最不入流的語言去表現一種自相矛盾的悖論，從而勇敢地面對世人的偏見。當我們與法國處於戰爭狀態時，一般的政客為了獲得民眾的歡心，就會想盡一切辦法去炫耀民族的自尊心。笛福勇敢地表明自己的態度，就是希望能夠將法國民族的強大，將他們龐大的軍隊以及他們富足的國庫，還有他們政府強而有力的執行能力展示出來，從而消除那種毫無意義的過度自尊心。笛福大聲地嘲笑那些假裝宣稱我們不費吹灰之力就可以擊敗法國的作者，表示他們在報紙上發表的文章造成的錯誤輿論導向，最終會讓我們的國家面臨貧窮與人口減少的災難性後果。「想像一下法國皇帝所能建立起來的龐大軍隊吧，」笛福大聲疾呼「想像一下法國皇帝可以從西班牙國王那裡得到的增援部隊與預備役部隊的龐大數量吧！難道法國是一個人口稀少且國庫空虛的國家嗎？」也許，這是一

個讓人感到憂慮的事實，但誰需要為說出這樣的事實而去道歉呢？當然，一些人出於愛國之心而出面反對他。很多人將笛福說成是法國人派來的內奸，說他是詹姆士二世黨黨員，是鴿派的僱傭兵。當然，這是喜歡闡述悖論的笛福想要獲得的機會。他大聲疾呼，並不是想要誇大法國的實力去嚇唬英格蘭人。笛福表示：「有兩個錯誤的想法會帶給我們同等的傷害。第一個想法是恐嚇我們，第二個想法就是讓我們處在一種安逸的狀態，認為我們的國家萬事無憂。對我們來說，無論是出於恐懼心理而感到絕望，還是因為我們的敵人比我們強大而處於一種遭受欺凌的狀態，這都與我們過度自負而認為我們國家是最為強大的想法有關，這兩種想法都是同等危險的。」要是我們因為笛福指出了法國這個國家的強大而責備他，就好比古羅馬人在首都殺死一隻鵝，只是為了讓其他鵝都不敢睡覺一樣愚蠢。「如果說我就像一隻信仰新教的誠實的鵝，在一旁大聲地咯咯叫，宣揚著法國國庫的充裕與軍隊的強大，那麼法國就有理由割斷我的喉嚨。但是，對於我國國民來說，我只是告訴他們將要面臨的危險，我努力地想要將他們從睡夢中喚醒，但是他們反而因為我及時地叫醒了他們，而對我怨聲載道。」

如果我們翻開《評論》的第一卷，或是隨意地翻看其中任何一卷的內容，我們幾乎都會讀到一些讓人震驚的自相矛盾的悖論。笛福之所以故意使用如此之多的悖論創作方法，就是希望能夠喚醒那些內心麻木的讀者。在其中一卷的內容裡，我們可以發現，笛福始終保持著勇敢與敏銳的內心，因為他讚美了法國國內「獨裁的權力所帶來的積極影響」。接著，笛福繼

續根據這個主題展開，列舉了很多發揮了積極影響的事實，直到他那些追求自由的讀者失去了繼續閱讀的耐心。接著，笛福似乎用諷刺般的微笑，解釋他認為這樣做只是為了有助於維護君主制度，而不是有助於民眾。「如果任何人問我，獨裁者能為民眾帶來什麼好處的話，我會回答存在兩方面的好處，一方面是貧窮，另一方面就是征服。」但是，對於一位野心勃勃的君主來說，不受限制的權力是一種必需品。除非他能夠控制自身的意志，否則如果他發動侵略或是征服戰爭，他肯定會遭到失敗。

「當一位親王必須要想辦法去贏得臣民的歡心，從而讓他有權力去徵募軍隊。而在這個目標完成之後，他們就需要告訴他，他必須要解散這些軍隊。如果他想要金錢，他必須要將這個國家各個地方的代表聚集起來，不僅要好言好語地向他們解釋這些金錢是用來做什麼的，而且在他想要更多金錢時，還要解釋清楚這些金錢會用在什麼地方。在這樣政治體制下，民眾當然會感到高興，他們也會覺得自己的財產與個人權利得到了安全的保障。但如果我是樞密院[44]的成員，我就會建議，這位親王必須要滿足於自己在這個政府內的位置，絕對不要整天想著去侵略他的鄰國或是增強個人對領地的控制能力，因為民眾具有控制他的權力，有權力去改變政體，因此即便是他們，也要遵守所有人都要遵守的法律。要是沒有國會的批准，那麼他

---

44 樞密院（Privy Council），英國君主的諮詢機構，具有一定的司法和行政權力，樞密院的其中一個委員會，更掌握了向君主提供重要機要意見的權力，這就是英國內閣。

們也是無法獲得一毛錢的。在這種政體下生活的民眾，是絕對不會為了所謂的君主榮耀而去發動對外戰爭，讓自己的口袋空空如也。」

笛福所描述的這種榮耀「是那種魔鬼貼在野心表面的金箔，只是為了在世人面前賦予其閃閃發光的華麗外表。」

笛福深知他所創作的《對付反對者最簡便的方法》這本宣傳冊引發很多非國教徒的不滿的原因，但並沒有讓他不去這樣做，反而讓他透過繼續創作類似的文章去激怒那些高教派托利黨黨員。在面對他的這些同胞時，笛福並沒有展現出仁慈的心靈，而是想辦法透過展現個人的幽默感與孩童般的笑容，作為最危險的武器去應對他們。因此，我們可以在笛福創作的關於讚美路易十四的讚歌裡，發現他特別讚美其廢除了《南特敕令》[45]的做法。在笛福看來，正是因為頒布了驅逐新教的法令，路易十四才讓法國變得貧窮起來，人口隨之急劇減少。但是，「這是一位法國國王在政治領域內所能做的最重要的事情了。」「我認為，在此就這件事情的真實性進行爭論是合適的，」笛福說，「不過，當他的做法傷害了這個國家的眾多人口之後，他是絕對不敢對歐洲其他國家發動一場侵略戰爭的。」笛福並不想要透過輕描淡寫地描述他與同一教派人士的相同點，來減

---

45 《南特敕令》（*Edict of Nantes*），又稱為南特詔令、南特詔書、南特詔諭，法國國王亨利四世在 1598 年 4 月 13 日簽署頒布的一條敕令。這條敕令承認了法國國內結盟宗（又稱胡格諾派、雨格諾派）的信仰自由，並在法律上享有和公民同等的權利。而這條敕令也是世界近代史上第一份關於宗教寬容的敕令。不過，亨利四世之孫路易十四卻在 1685 年頒布《楓丹白露敕令》，宣布基督新教為非法，南特敕令亦因此而被廢除。

輕他們所感到的震驚程度。在英格蘭外交政策的兩個重要方面上，笛福始終與他們保持著相反的觀點。雖然同盟國在四面八方都與法國作對，但瑞典國王出於自身的考量，發動了一場針對波蘭的戰爭，宣稱要將一位信仰新教的親王放到波蘭皇位的寶座上。英格蘭國內那些激進的新教徒也傾向於卡爾十二世[46]國王正在波蘭發動著一場違背上帝意願的戰爭。但是，笛福強烈反對當時所有新教徒認為應該摧毀法國勢力的想法。當卡爾十二世國王拒絕加入同盟國的時候，與他作戰的信奉天主教的親王則是一個潛在的追隨者，是一位希望信奉新教的國家都能聯合起來，堅持將自己視為法國國內的務實盟友的人，他表示希望英格蘭艦隊能夠駛入波羅的海，斷絕他們的往來。笛福表示，新教內部的分裂，是法國得以強大起來的主要原因。如果瑞典國王本身不願意加入同盟國的話，那麼他也必須要這樣做，或是至少不去弱化這個同盟。

笛福將匈牙利民眾反抗他們國王的做法，視為一種為新教事業進行努力的活動。英格蘭國內有一些人對於英格蘭幫助匈牙利國王助紂為虐，殘酷鎮壓那些新教民眾的做法感到不滿。他們對於自己的國家支援這種壓迫的做法，在良心上有所顧慮。笛福完全清楚匈牙利民眾這樣做存在的錯誤，但他表示，

---

46 卡爾十二世（Karl XII, 1682-1718），瑞典在大北方戰爭時期的國王，終身未婚。在位期間因為過度從事的軍事遠征，導致先勝後敗，輸給俄國的彼得大帝，瑞典由北歐霸主衰退為二流國家。雖然伏爾泰讚揚他為軍事天才與偉大英雄，但也有相反的評價認為他是瘋狂的惡霸與嗜血的好戰者；有些學者稱其為「18世紀初的小拿破崙」，表示他和拿破崙高度相似，都具有軍事天才的能力與征俄失敗的命運。

這不是他們透過這種做法來予以修正的正確時刻。他不希望看到他們採取透過尋求土耳其人的幫助來反對他們國王的做法來為自己正名。笛福始終認為，在這樣的時刻，匈牙利人民無法透過尋求土耳其人的幫助去推翻他們的國王。「如果一個國家的民眾選擇與我們的敵人為伍，那麼即便這是一個信奉新教的國家，且他們的國民與我們是朋友，也是不可以的。因為對我們來說，他們就是天主教徒、土耳其人與異教徒。」「如果匈牙利的新教徒想讓匈牙利的新教與歐洲大陸其他信奉新教信仰的國度發生衝突，那麼我們更願意在兩害之中取其輕。」笛福始終以一種冷靜的心態去看待每一個政治問題，總是能夠站在一個能夠揭示雙方存在著不合理之處的角度。在塞文民眾發動起義的事件裡，其中一派人就表示，即使民眾遭到了國王的壓迫，但任何鼓勵民眾反抗的做法都是不合法的。關於這件事情，笛福曾專門寫過一篇文章，用許多事例去證明自己的觀點，即近代歷史所發生的一些事情，讓我們明白一點，就是應該支持那些反對路易十四國王的人。在歐洲大陸的國家之間，一個傳統的慣例是「幫助我們鄰國的那些反抗者」。在另一篇文章裡，笛福對這樣做是否合乎法律以及是否為最合理的做法，做出了否定的回答，用輕蔑的口吻來否定那些懇求說明塞文地區的反抗民眾的請求。他在一篇名為〈如果法新教徒沒有得到解脫，那麼整個歐洲現在仍然處於被奴役狀態〉（*Europe enslaved if the Camisars are not relieved*）的文章裡，就表示「那些卑鄙可恥的少數人喜歡從戰爭這場消遣遊戲中獲得樂趣，這是多麼荒誕的事情啊！」「那些急於這樣做的人，卻根本不會

告訴我們，他們到底想要怎樣去做。」笛福接著說，然後用極為細緻的策略去對此進行討論，表示我們不可能在目前的情況下，給予那些法新教徒任何形式的幫助。」

在《評論》的文章裡，並沒有談到笛福從監獄裡獲得釋放的事情。在笛福出獄前後，他都是每週準時出版一份報紙，無論是在文章的基調還是談論的內容方面，都沒有任何明顯的差異。在笛福出獄後，高教派托利黨的勢力垮臺之前，笛福就勇敢地將自己的命運交託在那些溫和派人士的手上。在哈利與戈多芬了解到笛福的支援所具有的價值，並給予他自由與一些金錢的報酬之後，笛福並沒有明顯地與任何政治派別走得特別近。在《評論》的第一篇文章裡，笛福就宣稱自己不再隸屬於任何政治黨派，他表示會毫無保留地忠誠於真理及公共利益。他經常在文章裡宣揚自己的這種獨立性：「我是一個不隸屬於任何黨派的人，」笛福不斷地這樣重複，「至少，我會堅持讓這份報紙不會成為任何黨派的喉舌報。」在談論法國事務的時候，笛福不止一次提到法國局勢與英格蘭本土的關係，但他始終用堅定的口吻表示，他只對服務這個國家感興趣，而對服務於任何個人毫無興趣。比方說，路易十四國王掌握絕對權力的事實，讓他找到了指責女王陛下那個分裂內閣的機會。笛福在沒有談論法國政府專制形式的前提下，表示我們可以在現有的政治體制下，找到一種更高效的行政方法。當諾丁漢公爵遭到解職的時候，笛福曾公開表達自己的喜悅之情，並不是因為這位前國務卿曾經迫害過他，而是因為女王陛下的內閣終於能夠達成一致的觀點。笛福很自然地為馬爾博羅取得成功而感到高

興。但在他的《評論》中的文章，以及《勝利頌》這兩篇分別出版的文章裡，以很得體的方式將功勞歸功於新內閣。「女王陛下採取的措施，受到了新一屆內閣成員的支持，並且以更為直接的方式指向了法國勢力產生的根源，而不是像之前那樣沒有看清這個本質。我希望任何人都不要認為，我這樣說是出於對威廉三世的追憶和眷戀。我深知，在削弱法國勢力方面，女王陛下是不可能比已故的威廉三世更加迫切的。不過，如果事實真是如此，我要說，威廉三世在世的時候，身邊幕僚工作做得很糟糕，並且經常背叛國王，經常犯下錯誤，造成災難性的後果。從這方面來說，女王陛下要做得更好。我覺得，倘若有人有這樣的想法，那麼他肯定認為我現在對公共事務的了解，比之前為威廉三世工作時更少。」不過，笛福發出這樣的讚美，並不是對某個黨派的讚美。這只是來自他這樣對政府有所了解的人發出的誠摯讚美，這也代表著他想要遵守之前達成的協議，就是「不要去寫某些人不喜歡讀到的文章」。

笛福的文章讀起來，似乎都是在針對他的同伴，因此他的文章每次出版，都會遭到很多人嚴厲的批評。他經常抱怨別人發出針對他的侮辱，或是對他說一些下流的話，認為這是對他極大的不公。當然，笛福的一些傳記作者也以非常嚴肅的態度看待這些針對笛福的指責，並且表達他們對笛福這麼好的一個人，竟然遭受如此多的迫害而感到遺憾。但在很多時候，笛福都是有意挑釁他的對手，才遭到這樣的攻擊，然後他就可以抓住這樣的機會進行有效的反擊。因此，我們完全沒有必要為笛福的遭遇感到遺憾，而應該為他善於與對手進行周旋而感到高

興。笛福所諷刺的對手，都是身處高位的人，因此他無法用善意去看待他們。但是，當笛福用冷靜的口吻表示，他的這些對手都是傻瓜或是無賴的時候，對方就沒那麼容易去理解他背後的這份善意了。當我們看到笛福用謙卑的口吻，懇求他的對手能夠原諒他在報紙與文章上表達的錯誤觀點，表示希望「對方的那些紳士能夠給他一個機會，讓他可以去讚揚他們的仁慈、秉性以及紳士行為，表揚他們的學識與美德的時候」，並且表示「願意向他們屈服，用善意的語言與他們進行交流」的時候，我們可能就會讚嘆笛福在激怒他人方面所具有的天賦。因此，我們根本沒有必要為笛福遭受那麼多的指責而感到遺憾。

　　1705 年 2 月 17 日出版的《評論》報紙，是「這一卷最後的文章，宣告這項工作正式結束」。但在接下來的週二，原本是每週出版《評論》報紙的日子，笛福出版了另一份報紙，裡面的內容並沒有提到「仁慈或是貧窮」。週六，另一份《評論》報紙出版了，這份報紙的內容主要是談論一些社會問題，之前與他通信的讀者一直敦促他討論這方面的事情。接著在 2 月 27 日，週二，笛福在出版的《評論》報紙上，為自己經常改變想法向讀者道歉。他在新版的《評論》卷首語裡，稍稍改變了一下題目。笛福表示，他遲早會專門討論他之前承諾過要討論的關於法國強大的原因。但是，他在闡述的過程中卻經常將討論的主題轉移到英格蘭。他可能要在法國待上一段時間，因此這也在那個題目當中有所顯示。這個題目就是〈關於法國事務的評論以及關於英格蘭事務的觀察〉（*A Review of the Affairs of France, with Observations on Affairs at Home*）。按照笛福的說法，

第四章 關於法國事務的評論

他原本想要放棄這份工作，但一些人鼓勵他繼續做，並且向他保證，他這樣做也不會有任何損失。接著，這份《評論》報紙一週出版三次。

第五章
和平與聯合的宣導者

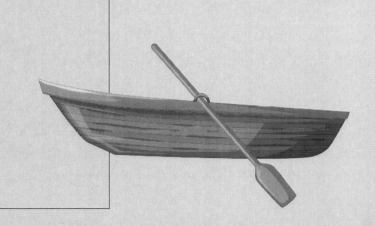

第五章　和平與聯合的宣導者

　　在出版第二卷《評論》的內容說明上，笛福告訴讀者，這一卷主要談論的話題將是與英格蘭貿易相關的 —— 這是一個非常龐大的主題，裡面有很多分支話題，並且每個話題之間都存在著緊密的連繫，與整個大英帝國的繁榮發展都存在著密切的連繫。笛福說，看到英格蘭這個國家存在著很多積弊，解決的辦法卻被掌權人視而不見，反而走向一種積弊日深的沒落之路，這是讓人感到遺憾的。在笛福看來，英格蘭的商業貿易額正在不斷下降，而這個領域原本是可以大有作為的。笛福清楚地看到，雖然英格蘭的海軍實力在不斷增強，但在管理層面上卻做得非常糟糕。很多相互敵對的派系都在不斷傾軋，各自為政，而他們原本應該通力協作，一起為英格蘭海軍的發展做出貢獻的。「任何事情都無法阻止他去曝光這些積弊，因為他深信一點 —— 他有足夠的能力去說服每一個英格蘭人意識到這些弊病，當他這樣做的時候，是沒有帶有半點個人的偏見與成見的，完全只是為了整個國家的福祉。在他看來，如果每個英格蘭人都能夠意識到這一點，那麼即便是最大的積弊，也能夠以最簡單的方式去解決。上天已經賜給了英格蘭和平的國內環境，有著穩定的政治制度，繁榮的商業貿易，還有一支強大海軍，我們就需要在教會與國家在行為方式方面進行一般性改革。」

　　笛福還是一如既往，提出了一系列明確的解決辦法。在這卷文章裡，笛福承諾要提出解決英格蘭商業領域記憶體在的問題的辦法。但是，笛福在闡述的過程中，還是像以往那樣，沒能堅持始終如一的論述。他用非常流暢的文筆談論了當代的一

些問題，接著他突然偏離了原先的主題，以間接的方式去談論與商業貿易相關的事情。在 1704 年到 1705 年的國會開會典禮上，女王陛下就向國會議員提出了忠告，希望能夠實現和平統一。但是，高教派的那些議員滿腦子都是狂熱的想法，根本不願意聆聽女王陛下的建議。此時，一些議員再次將《間或偶奉國教法》提到了國會進行審議，並且通過了這個法案，但是這次，上議院拒絕了這個法案。下議院堅持要求執行這個法案，他們為了確保這個法案通過，還在這個法案的基礎上附加了一個《供應法案》。上議院表示，除非這個附加法案能夠撤銷，否則就拒絕通過《金錢法案》。沒過多久，這個國會 —— 當時每一屆國會的改選週期是三年 —— 就被迫解散。接下來，就在躁動的情況下進行全國大選。這個時候，笛福放棄了之前談論的商業貿易的話題，將他的《評論》報紙用於從事選舉方面活動的事宜。

　　但是，在這場選舉活動中，笛福並沒有選擇站在任何一邊，至少他沒有選擇站在任何黨派一邊。他選擇站在和平與國家利益這邊。「我始終關注著事態的發展，」笛福後來解釋他當時所持的立場時說，「這場新的國會選舉對整個國家具有重要意義，很多人都投身到了這場選舉活動當中。每個政治派別的人都用著各種方法，希望能夠拉攏選民，激發選民內心的憤怒情緒，然後加以利用。他們所做的許多事情，似乎都是懷著強烈的仇恨心理去做的。我必須要承認，空氣彌漫著那種強烈憤怒的黨派情緒，讓我對最終可能引發的後果產生了一種恐懼的心理。」各個政治黨派「所使用的方法，在他看來都是具有醜

聞性質的。」「在很多地方，一些最讓人感到恐怖或是醜惡的行為，都被一個黨派用在打壓另一個黨派上。這些黨派為了取得選舉的勝利，不擇手段地使用這種卑鄙或是骯髒的手段。他們進行著諸如賄賂、作偽證或是各種違背正義原則與行為準則的墮落行為，只是為了最終能夠在選舉中獲得勝利。形形色色的暴力行為，都是某個黨派為了贏得民眾支持，實現選舉勝利的目標而使用的。」簡而言之，笛福看到了整個國家「徑直地朝著混亂不堪的懸崖邊上狂奔」。在這樣的環境下，笛福對他接下來應該怎麼去做，進行了一番認真的思考。最後，他得出了一個結論，就是他必須「立即投身到《評論》報紙的創作，用最能打動人心的文章，去勸誡、說服或是懇求民眾能夠擦亮雙眼，讓民眾能夠對什麼才是和平，有著更為深入的了解」。

在宣布站在不偏不倚立場的名義之下，笛福發表了很多攻擊高教派的強而有力的文章。笛福說，為了實現和平，我們就有必要確定一點，就是那些人才是實現和平的最大敵人。從表面上來看，選舉中最關鍵的問題，是非國教徒與那些受人尊重且享有特權的上層貴族之間的矛盾，以及下議院在《金錢法案》這個問題上與上議院的矛盾。但是，民眾必須要透過這樣的表象看本質。「詹姆士國王，法國日益膨脹的國力，以及這些表面紛紛擾擾的事件背後，其實都不是最核心的問題。教會與非國教徒之間的矛盾，只是政治領域內的一個圈套，希望能夠將各個黨派都套住。」笛福所寫的希望各方能夠對實現和平進行研究的文章，對那些強行要求加入附加法案的人進行強而有力的攻擊，讓那些人感到非常憤怒。笛福表示，他個人對這

些人始終懷著最大的善意。雖然當他知道，這些人強行要求
《金錢法案》附加在《間或偶奉國教法》的行為之後，無法找到
最強而有力的語言去譴責他們，因為這些人明知道這樣做，會
讓上議院拒絕這個法案，但他們還是這樣做。他們這樣做會讓
整個國家處於一種動盪的狀態，讓我們的軍隊無法獲得充足的
物資補給，這是極其不負責任的做法。女王陛下在宣布解散國
會的時候，就將下議院這種強行附加另一個法案的做法，認定
為一個充滿危險性的實驗。笛福將這種實驗說成是「無論是阻
撓《金錢法案》的通過，還是導致國會解散，讓我們的同盟解
體，還是為法國入侵我國敞開方便之門，這些可能都不是高教
派那些人最想要實現的目標。」笛福沒有使用一些下流的話語
去描述那些強硬提交附加法案的人，但是「這些人的所作所為
帶來的後果，不管他們的動機是什麼，毫無疑問會讓法國人有
機可乘，讓他們有機會入侵英格蘭，罷黜女王陛下，立威爾士
王子為國王，然後廢除新教，重新恢復天主教，廢除《宗教寬
容法案》，接著迫害那些非國教徒。」當然，那些強硬要求附
加法案通過的人的本意，可能並不是要帶來這樣嚴重的後果。
人非聖賢，孰能無過。笛福確信一點，如果他能夠向這些人列
舉出他們所犯下的錯誤，他們就會悔改，然後改變之前的觀點
與立場。總而言之，他不能推薦這些人成為選舉團成員。「那
些強硬要求附加法案的人，肯定是一個容易衝動、頭腦發熱的
人，這樣的人有時會為了實現個人的目標，而不顧整個國家的
利益與福祉。先生們，不動產所有者們，你們絕對不能選這樣
的人，除非你想要毀掉我們得來不易的和平環境，想要分裂我

們的國家，想要推翻目前的教會，想要讓法國人入侵我們，想要廢黜我們的女王陛下。」

從女王陛下在 4 月分宣布解散國會，到這一年的年底，笛福始終都在透過各種方式，激烈地發表著自己的觀點。這已經成為第二卷《評論》報紙的主要討論話題了。這場選舉受到了馬爾博羅的勝利以及笛福堅持不懈宣揚自己觀點的影響，最後選舉的結果是，高教派托利黨慘敗，讓他們在政府內部的勢力被進一步削弱。因此，笛福也可以懷著愉悅的心情，來結束這一卷《評論》的撰寫，為自己努力爭取到的和平局面而感到高興，同時也讓他為自己在這場戰鬥中取得的勝利而感到驕傲。在這一卷的結語中，笛福承諾他將會在接下來的一卷裡，重新回歸到因為選舉問題而中斷的貿易問題的討論。在第三卷的《評論》文章裡，笛福從一開始就在談論這個問題。但是，他沒有堅持很久，因為他再次被其他事情所打斷。正如笛福所說的，第二次的中斷，原因與第一次的中斷非常類似。因為政府部門委任笛福，要求他盡最大的努力去促進英格蘭與蘇格蘭來改革王國之間的聯盟方式。「我懷著同等的熱情，」笛福說，「去做。我一開始想要追求的目標是實現和平。現在，我感覺自己在這條道路上走得越來越遠了，我的是為了實現整個聯盟的和平。如果我認為自己必須要為了實現公眾利益，進而做出最大程度的努力去安撫那些憤怒的黨派團體，我覺得自己非常有必要讓這兩個目前充滿怒氣的國家都團結在為實現同一個目標的旗幟下。」

在威廉三世統治末期，英格蘭與蘇格蘭這兩個王國的聯合

已經變成了一個最緊迫與最重要的目標了。威廉三世在讓英格蘭國會同意解決漢諾威王朝問題時沒有遇到什麼困難，但威廉三世提出要擔任蘇格蘭的國王這個問題卻遭到了蘇格蘭國會的冷漠回應。愛丁堡的政客們反對這樣的安排是在情理之中的，因為他們更想要屬於自己的國王或是王室，但是最後他們認為，先將這個問題緩一緩，直到他們能夠獲得充分的商業貿易特權來彌補他們的財富大量流向英格蘭所帶來的損失。愛丁堡方面的政客們認為，在沒有獲得任何商業貿易特權方面的承諾之前，就絕對不去討論這方面的事情，這也的確是明智之舉。蘇格蘭人認為，他們在光榮革命的時候已經失去了一次機會，因此他們下定決心，不能再失去另一次機會了。但是，大多數的蘇格蘭人卻更加傾向於成為一個獨立於英格蘭的王國。在達連計畫災難[47]與格倫科慘案[48]之後，蘇格蘭人對英格蘭人的仇恨達到了一個頂點。很多一般的蘇格蘭民眾都會認真聆聽蘇格蘭那些政客們諷刺英格蘭的演說，認為英格蘭人想要得到他們的貪欲所妄圖染指的一切。與此同時，蘇格蘭人發現，英格蘭的

---

47 達連計畫災難（Darien disaster），蘇格蘭曾試圖在加勒比海的達連灣建立一個殖民地，為此募集了全國大部分的財富。但卻遭到了英格蘭的封鎖與西班牙的進攻，使蘇格蘭幾乎血本無歸，建立殖民地的企圖也以失敗告終。

48 格倫科慘案（Massacre of Glencoe），坎貝爾氏族和麥克唐納氏族是當時蘇格蘭的兩大名門望族，坎貝爾氏族選擇支持威廉三世，麥克唐納氏族則沒有表態。坎貝爾氏族前往麥克唐納氏族的格倫科領地做客，麥克唐納氏族沒有防備他們，而是熱情招待。坎貝爾氏族的軍隊趁麥克唐納氏族熟睡之際，舉起了屠刀。麥克唐納氏族40人死於非命，其餘數百人逃到深山中，其中多數人因飢寒交迫而死。

第五章　和平與聯合的宣導者

一些政客同樣發表著反對蘇格蘭的演說，並且同樣有大量的支持者。對任何頭腦冷靜的政治家來說，沒有比防止這兩個國家爆發衝突更為嚴峻的使命了。在威廉三世臨終的時候，他就一再敦促要與蘇格蘭達成聯盟協定。在安妮女王統治的前期，他們始終在一種持續的恐懼感中進行談判，唯恐這樣的談判會讓兩國出現不可調和的裂痕，產生可怕的後果。

笛福表示，他就是在努力實現和平這個偉大的目標，希望能夠讓這兩個充滿著憤怒情緒的國家能夠坐下來進行和解。在這個時期，笛福所創作的文章，基本上都是為了促成英格蘭與蘇格蘭結成聯盟而服務的。英格蘭國會通過了一項協議，授權女王任命一位代表英格蘭去進行談判的專員，讓在她統治的第一年裡，就與蘇格蘭進行條款協商。但是，蘇格蘭在任命他們的談判專員方面卻遭遇了很大的困難，直到 1706 年春天，英格蘭與蘇格蘭兩國的談判專員才第一次坐在一起進行談判。當他們終於坐下來開始談判的時候，他們發現彼此都懷著更合理與務實的態度來進行談判，而不像之前初期準備的時候那麼劍拔弩張。不過，當這些政客們一起坐下來，從 4 月到 7 月一直進行磋商時，談判室外的憤怒氣氛卻慢慢出現了。很多人開始公開對這樣的談判進行指摘，各種言論甚囂塵上，不同人群之間的論戰紛繁不已時，笛福以精力充沛的狀態展現出和平使徒的形象，讓自己的《評論》報紙猶如星火燎原，迅速擴大了社會影響力。笛福在說服蘇格蘭方面達成和平協議時，並沒有採取他在反對野心家與強行推行附加法案的人時採取的方法。他在《評論》報紙上對這個問題的看法，充滿著熱情，可以說是

實現和解藝術的楷模。在他的這份報紙上，笛福熱情而勇敢地與雙方的民族偏見思想進行鬥爭，證明了蘇格蘭長老會 [49] 並沒有進行所謂的宗教迫害，為他們正名。與此同時，笛福努力地證明，英格蘭根本不需要為達連灣遠征艦隊遭遇的慘敗以及格倫科的屠殺負任何責任。笛福闡述了對兩國在商業貿易上都有好處的事例。此時，很多激進的黨派分子對笛福的攻擊如雪花般飛來，他們紛紛指責笛福是一個缺乏愛國精神的人，說笛福是一個總是為著蘇格蘭利益著想的人，而根本無視英格蘭的利益。但是，笛福沒有理會這樣的指責，始終以男人的氣度面對著這一切，對每一個指責他的人都進行了反駁。可以說，在為追求和平事業進行鬥爭的過程中，很少有戰士能夠像笛福這樣勇敢而又富有技巧。

笛福並不滿足單純將《評論》報紙，視為一種追求和平事業的文學工具。他繼續在英格蘭首都倫敦與蘇格蘭首都愛丁堡進行這樣的宣傳攻勢，透過愛丁堡出版社，出版宣傳冊專門回應蘇格蘭愛國者所提出的質問。他還出版了一首詩歌專門向蘇格蘭致敬，這首詩歌的名稱是〈加勒多尼亞〉（*Caledonia*）。在這首詩歌中，笛福還用藝術的手法寫了一段恭維蘇格蘭人的序言。笛福表示，這首詩歌只是向偉大的蘇格蘭人與這個國家表達自己的敬意，根本與所謂的英格蘭與蘇格蘭聯盟沒有任何關係。此時，笛福發現，目前最有效的辦法，就是將愛丁堡視

---

49 蘇格蘭長老會（Presbyterians），西方基督教新教喀爾文宗的一個流派，源自 16 世紀的蘇格蘭改革。長老教會持守喀爾文主義，尤其是蘇格蘭長老會基本完全延續著約翰·喀爾文（John Calvin, 1509-1564）及其學生的教義。20 世紀，長老會對普世教會合一運動有相當的參與。

第五章 和平與聯合的宣導者

為自己發動宣傳攻勢的總部，雖然他仍然會在每週分三次寄出《評論》報紙上的文章給在倫敦的出版商。當談判專員將聯盟協定條款都草擬出來，並且在英格蘭國會提交的時候，這場實現和平的談判所遇到的障礙，仍然沒有完全消除。因為，這個聯盟協定還需要得到蘇格蘭國會的通過。而此時的蘇格蘭國會派系林立，各派都想借這個事件來煽動民粹主義，而不是對談判協議的條款逐一進行討論。笛福在他的《評論》報紙以及《聯盟的歷史》（*History of the Union*）中表示，他部分是出於好奇心，部分是出於為民眾謀求福祉的強烈願望，決定在愛丁堡進行這場「漫長、枯燥而充滿風險的旅程」，最大限度地利用自己的影響力去推動這個協定的簽署。這是一項充滿冒險性的工作，因為當時的蘇格蘭首都愛丁堡的民眾對這個聯盟協議懷有很深的偏見，因此笛福是冒著被愛丁堡民眾的口水淹沒的風險前去那裡的。在笛福所記錄的一次騷動中，他的住處被民眾包圍。在那段時間裡，他處在非常危險的境地，「就像一個投彈兵置身於懸崖邊」。儘管如此，笛福仍然堅持創作宣傳冊，遊說蘇格蘭國會議員。正是因為他對商業貿易方面的事情瞭若指掌，因此他「經常有機會能夠去拜會蘇格蘭國會下屬的各個委員會，與他們根據一些涉及到平等、關稅以及禁令等方面的事情進行討論」。即使英格蘭與蘇格蘭兩國的國會都同意了這個聯盟協議，並在 1707 年 5 月正式生效的時候 [50]，其中一些細節的執行還是存在著不少障礙。因此，笛福只能延長在蘇格蘭生

---

50 在 1707 年 5 月正式生效的時候，從此時起，英格蘭和蘇格蘭合併成立聯合王國，因此後文如無必要，將以英國統稱聯合王國，而不再區分英格蘭與蘇格蘭。

活的時間，住了一整年。

　　他在這次蘇格蘭之旅中，向世人宣布，他是以個人的身分，以外交家的身分前去的，完全是出於追求和平的目的。當時，很多人對他此行的目的表示質疑，不過很多人都可以公開表達這樣的質疑聲音，無論是在這次旅程中，還是在之前的選舉期間，多次前往英格蘭西部與北部的時候，笛福都是以政府的中間人的身分前去的，而不是以間諜的身分。因此，笛福用非常氣憤的口吻對這些指控進行了反駁，表示對他來說，受到那些「與他追求同一個事業，並且假裝為了公眾利益而進行創作」的作者們進行具有傷害性的惡意攻擊，這讓他感到極為難受。笛福在《聯盟的歷史》一書裡表示：「事實上，我認為這些事情都是不值一提的，但是這些人竟然暗示我前去那裡，是為了執行某個黨派的利益。我從未追隨過任何黨派。一直以來，我所表現出來的熱情，都是因為我對這個國家的熱愛 —— 我的意思是，我始終追求著真理與自由 —— 而根本不會在乎某某人隸屬於某個黨派。我想要與任何追求真理與自由的人走在一起。」在第三卷的《評論》的前言裡，笛福就用充滿激情的文字反駁了這些指控，並且用看似道歉的口吻回應了這些指責。

　　「我必須要坦白地說，」笛福說，「有時，我覺得要是在沒有任何指引、說明或是鼓勵的情況下，想要繼續發自內心地堅持下去，是一件非常難的事情。雖然很多人都在不斷建議我應該放棄這樣做，說我不應該為了消除這兩個國家存在的民族偏見而做出努力，不應該為了和平與聯盟做出努力。但是，我不願意看到這兩個國家的民眾遭受這種偏見所帶來的災難。」

第五章　和平與聯合的宣導者

「要是我詳細地談論一些細節的事情，那麼無論是天主教徒、新教徒還是一個改革派，任何人都很難想像我所經歷過的事情。那就是普通的民眾會讓自己的良知與判斷，屈服於赤裸裸的真理面前，並且認為這樣的真理是有用、富有價值和適用性的……」

「很多人指責我是一個有著根深蒂固偏見的人，說我是一個收受賄賂的人，說我收了某些人很多好處的人——事實上，我犧牲了自己的家庭與個人的財富，就是為了實現兩國之間的和平，這些就足以洗脫這樣的指控。為什麼我仍然要與這些缺乏憐憫心且充滿惡意的人糾纏，為什麼我要去為了過去的恩怨去對這些激進派窮追猛打呢？難道他們會想辦法來為我的聲譽來正名嗎？為什麼我要付出如此之多的犧牲，離開自己的家人，放棄自己的工作，只是為了宣揚這樣的理念呢？難道一個人的命運是可以被錢收買或是僱傭的嗎？難道我是英格蘭皇室與親王們可以控制的嗎？當然要是我受到某些人的僱傭，那麼這些僱用我的人，也應該早就讓他的僕人從這種無休止的迫害與充滿惡意的控告中解放出來。因為這些人嘴裡說出來的謊話，是永遠都無法停歇的。因此，讓我的這段話擺脫別人說我是受人僱傭與指使的誹謗性指控吧！」

接著，民眾會問，如果笛福不是受到官方的委任，那麼他為什麼要參與這些事情呢？為什麼他要讓自己牽涉其中呢？對於這樣的質問，笛福這樣回答：

「先生們，你們這些質問提得好。我看到了一小撮人正在策劃著陰謀，妄圖毀掉我們的財產、損毀我們的法律、侵入我

們的政府、腐化我們的民眾。簡單來說，這群人想要奴役這個國家，讓這個國家陷入混亂。在這團火剛剛燃燒起來的時候，我大聲地說：『著火了！』或者大聲地說：『快拿水來救火！』我看到了這個國家的民眾陷入了恐慌的狀態，每個人都用恐懼的眼神看著對方，然後大聲地說：『和平！』我將仍然具有理性的人召集起來，跟他們講明目前的事態，然後鼓勵他們要牢牢控制住那些瘋子，從這些瘋子手上奪走他們邪惡的武器，因為他們手上拿著的匕首會傷害他們的母親，撕裂這個國家，最後毀掉這個國家的一切。」

「在這種情況下，我做了些什麼事情呢？先生們，是的，我擁有的權利與其他所有人一樣，就是在這個國家擁有立足之地。我希望自己的後代能夠擁有自由的權力，希望這個國家能夠擁有健全的法律、自由以及隸屬於人民的政府。那些指責我無事生非的人根本不了解我。事實上，這些指責我無事生非的人，其實就是那些根本不懂得是非的人。」

「我並不是第一個，」笛福在另一個場合下說，「勇於說出真理的人。隨著時間的推移，他們會慢慢恢復理性，了解到實現和平的事實，對於整個國家是多麼有幫助。這樣的話，他們就能夠漸漸了解到，我只是一個深愛著這個國家的人，是一個誠實的人。」

毫無疑問，時間的確證明了，笛福當年的所作所為完全是出於對他的家國的熱愛，正是這樣的熱愛之情，才讓他投身到參與推動和平與實現國家聯盟的努力當中。笛福當年所抱持的目的，是只有真正的政治家才會擁有的目標，而且這也證明了

第五章　和平與聯合的宣導者

他是一個誠實的人。儘管如此，笛福一直宣揚的獨立與行動的自然性，雖然在被事實真相及莊重的誓言證明之後，仍然有很多人將他視為外交斡旋方面的門外漢。笛福後來承認，他知道自己這樣做，不會讓任何人受傷害，只可能會為自己的誠實名譽帶來傷害。因為很多人都說他是為哈利服務的，並獲得了女王陛下的「任命」。至於笛福在蘇格蘭進行祕密活動的具體目的，他總是以得體的方式婉拒回答。笛福在蘇格蘭的活動，也許只是了解那些具有影響力的人的想法與立場，然後將蘇格蘭民眾的普遍想法通報給英格蘭政府。不管怎麼說，笛福都不像他所說的，是出於好奇心的驅使，或是擔心他的債主追討或是私人企業的發展，或是純粹出於一種愛國熱情，才讓他動身前往蘇格蘭的。笛福利用自己欠下債務為藉口，作為外交活動的工具，這是很有趣的。笛福並不是單純地將自己的能力用於管控債主上。正如一位像貝肯斯菲爾德公爵這樣的人物所說的，笛福用這種無與倫比的方式，展現了他對人性的充分認知。但不管怎麼說，笛福還是將自己的債務，變成了這場政治遊戲中的有利籌碼。顯然，笛福所處的貧窮，即便這不是真實的貧窮，也可以作為一道屏障，讓人們覺得他不是受到英格蘭政府的委任。當笛福被派遣前去執行祕密任務的時候，他就會揉揉雙眼，宣稱自己必須要躲避債主，以告別艱辛歲月。

第六章
薩謝弗雷爾先生與政府的變革

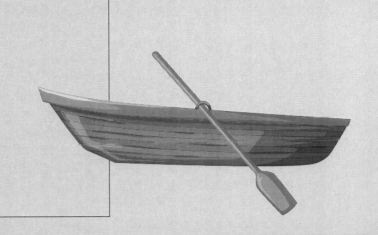

　　一些笛福的傳記作家們認為，笛福持有堅定的自由貿易準則。事實上，這是一個錯誤的認知。誠然，笛福始終都在透過宣傳冊、書籍或是難以計數的《評論》報紙去宣揚貿易對整個國家的重要性。在笛福看來，商業貿易是英格蘭之所以能成為一個偉大國家的基礎，而在商業貿易層面上取得成功，則是最能夠展現出一個民族高尚氣質的事情。笛福認為，發展商業貿易是僅次於維持新教信仰的事。因此，他認為，英格蘭的政治家應該將促進商業貿易當成極為重要的事情。在這些事情上，笛福似乎表現出了無限的熱情，為此也耗費了無數的精力。事實上，笛福還盡自己最大的努力，去支持《烏得勒支和約》[51]上所規定的商業條款，希望廢除與法國貿易之間存在的高額關稅條例。正是因為笛福做出這樣的努力，才讓他獲得了推動自由貿易先驅者的聲譽。但是，他所獲得的這種聲譽，卻不能承

---

51 《烏得勒支和約》（*Treaty of Utrecht*），是 1713 年 4 月至 5 月由歐洲多國於荷蘭烏得勒支簽署的和約，旨在結束西班牙王位繼承戰爭。該和約不是單一的文件，而是一系列和平條約的總稱。1700 年卡洛斯二世去世，西班牙哈布斯堡王朝絕嗣，卡洛斯於生前指定的繼承人為法國波旁王朝的安茹公爵腓力，其為卡洛斯同父異母的姐姐西班牙的瑪麗 - 泰蕾茲與法王路易十四之孫，因此腓力亦有法國王位的繼承權，但同時歐洲其他列強不容許法國與西班牙如此強大的聯盟存在，所以從實質上來講，該和約允許腓力繼承西班牙王位，但其亦須放棄法國王位的繼承權，並作出其他相應必要的保證，以確保法國和西班牙不會結盟，最終達到維持歐洲各國力量均衡的目的。該系列和約的簽訂國包括西班牙帝國、大不列顛王國、法蘭西王國、葡萄牙王國、薩伏依公國與荷蘭共和國，和約簽署人一方為路易十四與其孫腓力的代表，另一方為英國女王安妮，薩伏依公爵維托里奧·阿梅迪奧二世，葡萄牙國王若昂五世與荷蘭共和國的代表。和約的簽訂象徵著法王路易十四稱霸歐洲的野心落空，並在此基礎上維持了歐洲體系的權力平衡。

受任何嚴苛的檢驗。笛福並沒有真正超越他所處的那個時代的局限，並沒有真正了解當時的商業系統所存在的漏洞。與此相反，笛福極力反對同時代對這個商業系統提出質疑的人。笛福是以何種方式支援政府與法國簽訂全新的商業條例，以及他到底是在何種立場下去表達支持的，我們只能透過觀察他與政府之間的關係去進行一番了解。

　　1707 年，笛福仍然生活在蘇格蘭，正透過他的《評論》報紙專門談論與蘇格蘭事務相關的事情。根據笛福的說法，他的眾多讀者覺得，笛福這個傢伙談論的問題，都是關於聯盟的，對當前發生的事情已經缺乏足夠的認知，沒有意識到哈利在內閣政府的地位已經不是那麼穩固了。很多人懷疑哈利是故意冷卻別人對戰爭的熱情，並且暗中與托利黨私下保持聯繫。當馬爾博羅在年底從戰鬥中回來的時候，他堅定認為，哈利的國務卿職位應該遭到解除。女王陛下早就暗地裡對馬爾博羅的掣肘感到不滿了，因此拒絕了他的要求。此時發生的一件事，讓馬爾博羅一派更有理由敦促女王陛下這樣做：哈利內閣裡的一名職員葛列格，被發現與法國王室進行祕密書信往來，為路易十四國王提供關於英格蘭政府的重要文件。這件事情暴露之後，哈利被指責犯下了共謀串通的罪行。當然，這樣的指控是毫無根據的，但哈利在沒有妥善保管好重要的政府文件方面，的確是難辭其咎。戈多芬與馬爾博羅用威脅的口吻表示，如果哈利不遭到解職的話，那麼他們就要辭職。此時，女王陛下不得不同意解除哈利的職位。

　　哈利遭到解職之後，按照笛福在《呼籲榮譽與正義》（*An*

Appeal to Honour and Justice）這本宣傳冊裡所說的，他感到茫然無措，想當然地認為「當一個有權勢的人倒下了，那麼所有與他有牽連的人肯定也會一同倒下」。但是，當幫助過笛福的哈利聽到這個消息，知道笛福「願意與當初幫助過他很多的人共患難」時，就友善地敦促他的忠誠追隨者笛福認真思考一下自己的利益，而不是仍然幻想著自己還應該承擔什麼責任。「我的財務大臣，」哈利說，「會僱用你在公共服務方面擔任職務，他也非常欣賞你對很多事情的看法。除此之外，你要記住，你真正為之服務的人是女王陛下，而女王陛下一直都待你不薄。你要像過去那樣繼續服務女王陛下。我絲毫不會有任何責怪你的意思。」根據笛福的說法，正是在戈多芬的引薦下，笛福第二次見到了女王陛下，並且有幸親吻女王陛下的手。鑒於他之前做出的特殊貢獻，女王陛下「很樂意繼續對他委以重任」，當笛福正在反駁那些說他是為英格蘭皇室或是親王服務的敵人時，正是笛福獲得任命的時候。

與之前一樣，笛福所從事的工作，主要還是兩方面，一方面是社會運動，另一方面則是文學創作。1708 年初，在內閣人事變動之後沒多久，就傳來了法國艦隊在敦克爾克集結的消息，當時很多人都猜測法國艦隊有可能在蘇格蘭登陸。笛福立即被派到愛丁堡。按照他的說法，他所承擔的差事，是「一個主權國家所無法出面去做的，因此只能派一個誠實的人去做」。笛福的使命是要混在當地人當中，更好地了解當地民眾的感受，或是對某些特殊人群的想法有深入的了解。英格蘭政府只能派一個值得信任的人去做這項工作。因為任何人在危機

關頭沒有表現出誠實與愛國主義精神，那麼此人就是無法勝任的。在笛福看來，四面環海的英格蘭正處於非常危險的境地。法國艦隊這次的調動，也許是深思熟慮之後採取的軍事行動，因此英格蘭政府非常有必要去了解。在英格蘭與蘇格蘭聯盟協議達成之後，蘇格蘭還有多少人希望借助法國的勢力來打破這樣的平衡。幸運的是，蘇格蘭那些詹姆士二世黨黨員的忠誠，在這方面沒有遇到任何考驗。正如在西班牙無敵艦隊的例子上，我們的手上仍然握有主動權。在防禦艦隊出動之前，法國艦隊就已經成功抵達蘇格蘭海岸。但法國艦隊越過了原本定好的著陸點，因此他們除了聲名狼藉地重返敦克爾克之外，沒有任何辦法。與此同時，笛福以讓人滿意的方式完成了自己的使命。在國會遭到解散之後，戈多芬馬上就召見了笛福，表達了對他的工作的肯定，希望笛福能夠在全國各郡進行宣傳，在這場全國大選中幫助目前的政府。之後，笛福經常被派到蘇格蘭，進行著類似的祕密活動，並且似乎在愛丁堡擁有了固定的出版業務。後來，笛福做了安排，在愛丁堡與倫敦兩座城市同時出版他的《評論》報紙。除此之外，笛福還在愛丁堡創立了多份報紙，為英格蘭商人提供一些幫助，為亞麻布製造商在愛丁堡提供立足之地。

　　但是，我們更加關心的是，笛福在文學方面的多才多藝，且具有不屈不撓意志的天賦。雖然笛福在商業與外交事務上有著很多事情要做，但他始終沒有中斷文學方面的創作。在這段時期裡，笛福的《評論》報紙一直都在發表著支持內閣的文章。法國艦隊集結的這一事件，使得大眾對蘇格蘭事務產生了

全新的興趣。笛福做了很多廣告，表示雖然他從未想過讓《評論》成為一份真正的報紙。但是，當前的環境讓他有能力從蘇格蘭收集正確的資訊，並且提供全面客觀的觀點。笛福所傳遞出去的資訊都是帶有目的性的，而這是一個好目的 —— 就是為了促進英格蘭與蘇格蘭彼此之間有著更深入的了解。笛福從未擁有比此時更好的時機，讓他可以宣揚和平與聯盟的重要性。笛福想盡辦法去最大化地利用這些機會，表示要支持蘇格蘭長老會的事業，聲稱他們的忠誠是不容置疑的，發表文章詳細地闡明雙方都能夠從聯盟協定中得到好處，藉此緩和很多商業貿易方面的摩擦，笛福還抓住了每一個攻擊對手的機會，展現出個人高超的智慧。笛福表示，如果那些自以為是的人的意見得到採納，認為英格蘭只需要依靠民兵與艦隊就能保衛國家，那麼英格蘭現在會變成什麼樣子！如果不是老天爺幫忙，如果法國艦隊成功在蘇格蘭海岸登陸，難道我們那些平時很少接受軍事訓練的民兵能夠抵抗訓練有素的法國艦隊嗎？到時候，我們有能力將法國軍隊趕下海嗎？我們應該感謝法國國王這次的舉動，因為正是這件事，才讓我們的國民認清了那些愚蠢的顧問，讓我們有機會真正消弭國內存在的分裂。可憐的路易國王，是一個值得我們同情憐憫的人，因為他的告密者顯然沒有很好地為他服務，導致他錯誤地認為他的艦隊會在蘇格蘭得到很多反對英格蘭的派系的支援。事實上，這些反對派卻絲毫沒有這樣的意願與勇氣。

　　在選舉拉票期間，笛福投入到了熱情洋溢的拉票活動當中，大力宣揚著輝格黨的事業。「現在，我的英格蘭同胞們，」

笛福在《評論》上寫到 —— 此時，笛福已經學會用一種更為直接與有趣的方式與他的讀者進行交流 —— 「現在，我們正要選擇國會議員，我要跟你們說一個故事。」接著，笛福講述了在某些自治市鎮，很多有權勢的贊助人會透過選舉一個「獅子狗」，讓這些人作為初期的代表。笛福表示，金錢與麥芽酒能夠做到任何事情。「只有上帝才知道，我是懷著極遺憾的心情對你們本人及後代這樣說的。這些人如此的做法，必然會讓我們的整個國家淪落到騙子、魔鬼、獅子狗的地步，因為很多人都迷醉在權力當中了。」笛福在很多期的《評論》報紙上，對那些決定將選票投給托利黨的選民做出了諷刺性的建議，「我們不能擁有一個托利黨控制的國會的眾多原因」。笛福大聲疾呼：「先生們，如果我們有心想要獲得更多經驗的話，那就記得將選票投給托利黨吧。」「我們想要獲得一些指引，我們想要上那些騙子與傻瓜所創辦的學校。」之後，笛福將那張面具脫下來，表示在眾多選民中，只有「那些酒鬼、墮落之人，那些喜歡罵娘的人，那些遭受迫害的人」才會將選票投給那些野心家。「那些嚴肅對待的人，那些頭腦清醒的人，那些具有思想的人以及謹慎的人」都會將選票投給輝格黨。「若是國會由托利黨控制，這個國會就是一個邪惡的國會。」「如果我們的國會是托利黨控制的話，那麼整個國家就完蛋了。」在他《呼籲榮譽與正義》的宣傳冊裡，雖然他當時仍然為戈多芬服務，但他解釋說：「我們應該下定決心，消除所有可能引起別人猜疑的理由。也就是他沒有與任何人進行祕密通信，從未拜訪、寫信或是以任何方式與他過去三年的上司有過聯絡。」那個時

候，即便哈利是托利黨的領袖，笛福仍然以這樣的言辭去進行指責。因此，如果說真的存在著任何所謂祕密的討論，肯定是非常奇怪的。

　　在哈利的職務遭到解除之後，被視為托利黨的絕對領袖，哈利是一位相當低調的政治家，始終保留著自己的顧問，喜歡使用各種有趣的工具，幫助自己能夠從複雜的事情表象下，了解到事情的核心，讓他可以充分地利用各種機會。發動一場針對內閣的戰爭，這是那些更加狂熱的黨派信徒去做的事情。當博林布魯克、羅徹斯特以及他們的黨員在報紙上大聲表示，此時已經落入了教會的敵人手上，並且指責輝格黨延長戰爭，只是為了讓他們的口袋能夠獲得更多的戰利品，並且希望整個國家的民眾能夠站起來，結束這場假公濟私與管理不善的局面時，哈利只是耐心地等待著。1708 年夏天，英軍在奧德納爾德取得的勝利 [52]，讓他們有了全新的把柄。他們大聲疾呼：「如果這場戰爭最後無法帶來和平，那麼即便取勝了，又有什麼用呢？如果我們最後不能讓法國臣服於我們的話，那麼我們透過一次次戰爭打敗法國，又有什麼用呢？如果輝格黨不大發戰爭財的話，那麼法國國王是肯定願意與我們達成和平協議的。」對於這些人所提出的和平主張，笛福在他的《評論》報紙上做出了強而有力的反駁。「先生們，」當奧德納爾德戰役勝利的消息傳過來的時候，笛福這樣寫道，「我們再次將法國牽著鼻

---

52 奧德納爾德取得的勝利（The victory of Oudenaarde），1708 年，西班牙王位繼承戰爭中，奧地利與英國聯軍在比利時奧德納爾德大敗法國與西班牙聯軍，法軍損失慘重。

子走了。讓我們祈禱馬爾博羅公爵不要那麼快就結束這場戰爭吧，因為和平可能不會隨著戰爭的結束而到來的，如果真是這樣的話，那麼我們將會變成什麼樣的人呢？」與所有人一樣，笛福願意在尊重國家尊嚴的情況下達成和平協定，但是這樣的和平協議只有在新教繼承權得到確保之後才能實現。因此，這樣的權力平衡才能穩固地實現，「否則，這將會對國內的和平現狀產生不利的影響」「如果我們所說的外部和平環境是具有致命性影響的話，那麼我們之前所做的一切都是毫無意義的」。不過，現在法國國王已經提出了和平的倡議，內閣也希望能夠達成滿意的條款。輝格黨希望發表一篇聲明，在國會敦促女王陛下，讓那些覬覦王位者在徹底被法國宮廷拋棄之前，絕對不能與法國達成任何和平協定。而關於新教繼承權的問題，需要透過一些協定來予以保障。在這一年的整個冬天裡，笛福在《評論》報紙上，都在用清晰的文字闡述實現真正具有尊嚴的和平所應該具備的條件，並且讓國民去質疑路易十四國王在這場和平談判時所表現出來的真誠態度。當這場談判破裂的時候，很多人都對此感到不滿，而托利黨更是奮力煽動民眾的這種不滿情緒，結果導致了英格蘭民眾普遍對路易十四國王產生了不信任的感覺，認為必須要透過苛刻的條件去對他的誠實進行檢驗。此時，笛福則想辦法去對抗大眾這種普遍的不滿情緒。在笛福看來，很多針對馬爾博羅的指責，都是毫無意義的吹噓。我們根本沒有理由為我們在戰爭中取得的勝利而感到沮喪，除非我們一開始就擁有著非常高的期望。雖然法國國王手頭上擁有的資源已經變得越來越少了，但他想要與英格蘭實

現和平的願望，還是相當合理的。因此，路易十四更加看重的
是自己的榮譽，而不是法國民眾的福祉。他會為了實現自己的
目的而不擇手段，哪怕是耗盡國庫裡的最後一個金幣也在所不
惜。因此，我們不能期望在一週之內攻陷巴黎。可以說，沒有
誰比戈多芬更加適合管理我國國庫了，他甚至應該獲得比馬爾
博羅公爵更多的讚譽。「你的財政大臣才是你們將軍中的將軍，
要是沒有他對國庫資金的妥善管理，那麼馬爾博羅公爵率領的
軍隊肯定是會被擊敗的。」

　　薩謝弗雷爾[53] 事件，最終導致內閣政府的倒臺。這件事讓
笛福找到了為內閣政府辯護的機會。笛福根據這個問題寫了很
多篇文章，這些文章可以極好地展現他那充滿爭議性的寫作風
格。薩謝弗雷爾與他一直都是老對手。薩謝弗雷爾的「血色的
旗幟與反抗的旌旗」以及其他充滿野心的好鬥者，都為笛福在
創作《對付反對者最簡便的方法》這本宣傳冊的過程中提供了
詳實的資料。當時，民眾是站在笛福這一邊的，之所以出現這
樣的結果，部分原因也許在於當時的政府正在不遺餘力地迫害
著他。但在那個充滿變革的動盪時代裡，這位牛津地區的牧師
「習慣了譴責祖先」，卻找到了一個更加適合自己的機會。他的
文學才華是很有限的。但在 1709 年年底，當和平的希望破碎
之後[54]，整個國家的民眾都擔心從此可能會陷入一場漫長的戰

---

53 薩謝弗雷爾（Henry Sacheverell, 1674-1724），英國國教高級牧師，因在
　 1709 年 11 月 5 日的一次煽動性布道而聞名全國。隨後，他被下議院彈劾，
　 雖然他被判有罪，但他受到的輕判被視為一種辯護，他成為了英國受歡迎
　 的人物，為保守黨在 1710 年大選中取得壓倒性勝利做出了貢獻。
54 當和平的希望破碎之後，這裡指 1709 年，英國、奧地利、荷蘭組成的聯

爭當中，民眾更願意聆聽這位直接說出事實真相，不用任何修飾詞語去掩蓋真實狀況的人的演說。因此，這位牧師經常在布道講臺上，用《聖經》裡的典故去諷刺女王陛下的內閣成員。他激烈地抨擊那些走入歧途的兄弟所遇到的危險，正如在11月，他在面對市長閣下的時候發表的那篇布道演說一樣。對內閣來說，聰明的做法應該是放任薩謝弗雷爾與他的支持者在新聞報紙上的所作所為。但是，戈多芬在某個時刻，竟然被這位喜歡嘲諷別人的牧師所說的一個綽號激怒了。的確，誰也想不到，像薩謝弗雷爾這樣一位文質彬彬的人，竟然會使用如此惡毒的語言去攻擊他 —— 於是，戈多芬決定拋棄之前那些顧問給予他的理性建議，希望下議院對此人進行彈劾。下議院一致通過了這個議案，認為薩謝弗雷爾的演說是充滿煽動性、醜聞性以及惡意的，並且一致同意對他進行彈劾。不過，上議院則認為，關於這個案子的決定，還應該透過審判來進行最後的決定。威斯敏斯特大廳為了這場公開審判做了充分的準備。一開始，笛福不斷對這些充滿野心的人進行侮辱性的嘲笑，然後表示他們做出的這些迫害行為，只是犯下了一個錯誤而已。笛福表示，我們應該鼓勵這些人不斷地暴露自己以及他們所屬黨派的真實面目。「讓他們繼續吧，」笛福說，「繼續欺負那些溫和的人，讓他們繼續叫囂著廢除《宗教寬容法》，讓他們繼續咒罵著聯盟吧，那麼我們將會得到最大的好處。」

軍在馬爾普拉凱與法軍激戰，最終法軍撤退，但聯軍付出了極度慘重的傷亡，這一戰成為西班牙王位繼承戰爭的轉捩點，為法國的最終獲勝埋下了伏筆。英國國內因為這一戰的損失過重，掀起了反對馬爾博羅公爵的浪潮。

第六章　薩謝弗雷爾先生與政府的變革

「我們在對待他的時候，採取的辦法應該與我們對待一匹脾氣暴躁的馬是一樣的。當這匹馬一開始躁動不安、不肯低頭的時候，我們就要勒緊韁繩，盡可能地控制牠。但是，如果這匹馬開始憤怒發狂，我們就要放鬆手上的韁繩，用手輕輕撫摸他的後背，讓牠跑遠，看看牠到底能夠跑多遠。這匹發了瘋的馬會像一個瘋子那樣喜歡跑近路，直到牠毀掉了自己的馬棚。也許，這匹馬還會陷入泥潭，無法動彈，接著牠就會慢慢冷靜下來……除此之外，那些善良的人，你們知道那些喜歡狂吠的動物有什麼特性嗎？如果你經過這些動物身邊，裝出毫不在意的樣子，牠們就會不斷喊叫，製造噪音。也許，牠們甚至會在你身後追著你叫。但是，當你轉過身，用石頭狠狠地攻擊牠們，那你相當於什麼事情都沒有做 —— 事實上，你將這只會叫的狗置於與你同樣的高度了。」

笛福在上文中最後提到的觀點，正是當時的政府所採取的措施。他們也為沒有採納笛福的建議 —— 對薩謝弗雷爾聽之任之，使其冷場而感到遺憾。不過，當政府下定決心要彈劾薩謝弗雷爾的時候，笛福立即轉變之前的立場，為政府做出這種彈劾行為感到高興，因為政府會這樣做，都是在他的預料當中。「當《評論》報紙上說，你們應該讓這些人繼續往前跑，直到他們失去呼吸的時候，難道不是說對了嘛？難道我沒有告訴你們，從天而降的冰雹會毀掉他們，卻又能帶給我們好處嗎……從來沒有哪隻獵犬像他那樣勇敢。他已經卓有成效地完成了自己的工作……他彷彿叫醒了這座房子裡的人，叫醒了女房東……善良的人要感謝他，並且要拍拍他的後背。讓他所

屬的黨派去做他們想去做的事情吧，最後的勝利是屬於我們的。」笛福也還記得提醒那些善良的人，他之前曾遭受過頸枷的刑罰。因此他用諷刺的口吻表示，高教派那些人更加願意看到薩謝弗雷爾現在所遭受的懲罰。在笛福的《枷具讚歌》裡，他表示薩謝弗雷爾有權站在他所處的位置。現在，薩謝弗雷爾的願望得到了滿足。「國會下議院前面的柵欄，可以說是這個國家最糟糕的頸枷受刑處了。」在審判開始前兩個月這段時間裡，民眾的躁動之情開始慢慢成長。薩謝弗雷爾與他所堅持的準則，成為笛福《評論》報紙上主要談論的話題。如果這場洶湧的民意可以透過一場深刻的辯論來得到緩和的話，那麼笛福的報紙就應該已經產生了這樣的作用。笛福是一位充滿男人氣概的反對派，從來不會模仿那些粗俗的宣傳冊作者，收集關於那位博士私生活的醜聞 —— 至少不是與他個人相關的醜聞。事實上，在一份作者署名為「來自牛津地區的一位先生」的宣傳冊裡，就列舉了笛福創作的很多文章，並且敘述了薩謝弗雷爾的為人並沒有得到牧師的信任。但是，這份在《評論》報紙之外出版的宣傳冊，卻讓很多傳記作家認為是笛福所創作的，表示這是教皇寫給薩謝弗雷爾的一封幽默信件，告訴他如何才能更好地實現那些覬覦王位者們的利益。在《評論》報紙上，笛福用相當愉悅的鄙視口吻談論薩謝弗雷爾，希望能夠按照他所持的準則去懲罰他，而不是按照懲罰一般犯人的方式去做。在長達兩週的審判期間，一群烏合之眾每天都會來到那個牧師的馬車旁邊，然後跟隨他前往他在威斯特敏斯特大廳神殿的住所，然後高呼萬歲，親吻著他的手，利用晚上的時間去擾亂那

些非國教徒祕密聚會的場所，在那些著名輝格黨黨員的住所外面大喊大叫。笛福表示，這些野心家會使用暴力手段來對待他們的對手。如果這些人真正擁有權力，那麼這也只不過是證實了他之前所一直堅持的觀點而已。關於薩謝弗雷爾的審判結果，是他的布道演說稿及任何相關的作品都應該被燒毀，而他本人也被禁止在三年內繼續從事布道工作。這一判決被很多烏合之眾認為等同無罪釋放。他們舉行了喧鬧的聚會，還進行了篝火晚會來進行慶祝。笛福對此進行了一番理性的分析，用愉悅的口吻表示，這樣的判決是我們每個人都願意看到的，這也是他一直以來建議且希望看到的結果。但是，他無法成功說服廣大的民眾，讓他們相信政府在這個過程中其實沒有遭受任何失敗。

對薩謝弗雷爾的彈劾，引發了民眾對輝格黨強烈的不滿情緒。格特魯登伯格會議沒有因為和平事宜達成任何協議，更是加重了民眾這方面的情緒。此時，托利黨開始發動輿論攻勢，而民眾也認為這一切都是因為我們的政府始終堅持法國國王做出根本不可能的妥協所導致的愚蠢結果，宣稱輝格黨更加看重法國人的利益，而不是英格蘭人的利益。女王陛下在很長一段時間裡，都想要解除內閣裡那些輝格黨成員，因此就借此機會乘勢而上。女王陛下在 6 月解除了桑德蘭伯爵 [55] 的職位，透露出這樣的風聲給她的盟友們，表示她不想要繼續做出任何改變了。雖然他們的大使之前被視為頑固的人，此時也祝賀女王

---

55 桑德蘭伯爵（Charles Spencer, 3rd Earl of Sunderland, 1675-1722），英格蘭政治家。

陛下表現出來的果敢。8 月的時候，女王陛下做出了一個重大的決定，就是解除戈多芬的職位，讓財政部名義被納入委員會的管理範圍，但實質的管理權卻落到了哈利的手上。在接下來的幾週裡，哈利的想法是依靠其餘的輝格黨黨員進行合作，一起管理政府。但是，激進的托利黨黨員卻從未想過就此甘休，他們破壞了哈利這個溫和的想法。托利黨黨員威脅說，除非哈利能夠徹底地與輝格黨宣布決裂，否則就要撤銷對他的任何支持。10 月，輝格黨基本上都離開了內閣，托利黨占據了內閣的主要位置。此時，女王解散了國會，宣布重新進行大選。「政府部門的轉變是如此突然與徹底，」伯內特主教[56] 說，「這在我國歷史上都是罕見的，特別是對於那麼多具有卓越能力，且願意懷著熱情去服務這個國家的人，他們一下子就離開了內閣。」事實上，女王陛下解僱在國會占據多數席位黨派的內閣成員，沒有什麼好奇怪的。但是，整個政府由一個黨派執政，突然完全被另一個黨派取代，是非常罕見的事情。已故的桑德蘭伯爵給威廉三世國王的建議，看來此時仍未能在憲法層面上紮根，只能透過政治與社會形勢不斷施加壓力，才能慢慢實現。

在政治局勢動盪不安，輝格黨方面又毫無還手之力的時候，笛福的行為是非常值得研究的。當然，我們不知道到底是應該欣賞笛福哪一方面的能力，是欣賞他堅持到這座房子倒塌的最後時刻的勇氣，還是欣賞他在房子倒塌之後能夠從廢墟中

---

56 伯內特主教（Gilbert Burnet, 1643-1715），蘇格蘭哲學家、歷史學家、索爾茲伯里主教。

爬出來的靈活能力。很多指責笛福缺乏堅定原則的人，都沒有明白這樣一個道理，那就是在這個充滿困惑與不安定的時代，任何一個有著笛福這樣能力的人，都不會像笛福這樣做。除此之外，笛福的行為是始終如一的，始終保持著警覺性，堅持誠實才是上策的原則。因此，在很長一段時間裡，我們都很難看到笛福在人生道路上出現跌倒的情形。如果我們拒絕接受與笛福同代人的一些想法的指引，那麼我們肯定會成為笛福所描繪的那種無與倫比的合理性說法的受害者。笛福在政治寫作方面出現的方向偏差，無論是在他的《魯賓遜漂流記》或是《大疫年紀事》等描述逼真的作品裡，都很難察覺到任何的瑕疵。

在用達特茅斯替換桑德蘭，以及戈多芬倒臺的兩個月時間裡，笛福充分運用他那流暢的文筆與充滿邏輯的思想發表文章，防止內閣出現可怕的變化，努力讓那些托利黨黨員出局。笛福坦誠，他這樣做有著個人動機的考量：「在這場野蠻的劫掠過程中，我感覺個人的自由受到了嚴重的衝擊。托利黨所爆發出來的憤怒與不滿情緒，是無法安撫的。即便是上帝賜給我這樣的才華，也無法去恭維或是安撫他們。」在遭到解僱的內閣成員當中，就有一位是桑德蘭。在進行聯盟談判的時候，笛福與桑德蘭結成了私人關係。笛福用最熱烈的語言對他進行讚美，並且正式宣稱，女王陛下始終都沒有放棄她的臣下。「我的公爵桑德蘭，」笛福說，「是帶著最為清白的品格離開內閣的，我認為他是世界上最正直的政治家。」「我這樣說，絕對不是要討好桑德蘭公爵。身為這份報紙中缺乏經驗的作者，我永遠都沒有那樣的才華，可以去奉承我們這個時代最偉大的人

物。」但是，反對他這樣做的人到底是誰呢？即便是一個黨派的走狗都不敢這樣對抗他。「他們始終不敢讓我看到他們黨派裡的任何一個人能夠像桑德蘭公爵那樣。他們所能說的，只是我們應該相信，如果他有這樣的機會，就肯定會這樣做。」托利黨始終要求解除所有輝格黨黨員的職務。高教派成員不斷送懇求的信件給女王，站在代表整個國家的立場，表示他們對目前的內閣完全失去了信心。笛福對整個內閣的言行進行了嚴苛全面的檢查，要求對方做出確切的指控，說出他們的抱怨到底從何而來，明確指出財政部到底在哪些方面做錯了？

　　至於站在整個國家民眾的想法，想要確認這方面的事情，就需要我們使用人工修飾的演說，讓大眾看待對政府的信任是增強還是削弱。當桑德蘭公爵遭到解職的消息傳出去之後，股票立即下跌了。之後，當女王陛下向央行行長保證，她不會繼續改變原先的內閣成員之後，股票才慢慢上漲。此時，市面上又傳出了一個謠言，說國會即將提早解散，這個消息再次讓股票下跌。如果大眾對政府的信任，一再因為對英國政壇的擔心與憂慮而出現影響的話，笛福表示，這樣的事情本身就是具有致命性打擊的。那位覿腆的「信貸女士」可能就不再過分關注英國的發展，因為任何突然的轉變都可能將她徹底嚇走。至於托利黨用藐視的口吻說，國家信用受到影響，不會帶來任何不良的後果，表示一個國家是不可能因為這樣而陷入債務危機，那些有錢人可能會從一英鎊當中，拿出十九先令來支持國家發動戰爭的說法，笛福用恰到好處的嘲諷態度反駁了這種嘩眾取寵的說法。

第六章　薩謝弗雷爾先生與政府的變革

　　雖然笛福做出了各種努力，但災難還是到來了。8 月 10 日這一天，女王陛下任命戈多芬前往財政部擔任職務，而哈利則成為女王陛下的內閣首相。此時，笛福應該做出怎樣的反應呢？在財政大臣遭到解職之後，笛福出版的兩份《評論》報紙，可以說是最能展現他創作才華的載體。事實上，笛福絕對不是一個卑鄙、陰險的趨炎附勢者或是牆頭草。笛福始終懷著堅定而謹慎的態度去面對這一切，準備指責任何譴責他不願意面對著一切的人。笛福坦率地承認，他的確是陷入了一個窘境，因為他之前所談論的改變，現在都已經發生了。「如果一個人發現自己能夠同時乘船前往南方與北方，能夠同時說出真理與謊言，能夠同時伸出右手與左手，那麼他會是一個正常人，他也是一個懂得在目前場合下如何說話的人。」不過，笛福可以肯定一件事：「我們都誠實的人。」至於他們的繼任者，「我們要做的就是保持希望，時間肯定會回答我們的一切疑問。無論是托利黨、詹姆士二世黨、野心家或是瘋子想要進來，我都會反對他們。我不會懇求他們給予我任何幫助，我也絕對不會奉承他們，我也不會去討他們歡心。」不過，真正的問題是，在當時的情況下，他應該怎麼去做？笛福用簡單清晰的語言說出了兩條路，並且知道這兩條路存在各自的危險。要是大聲疾呼要求重組一個新內閣，這就是要毀掉大眾的信任。要是對這樣的人事安排表達愉悅的認同，就是鼓勵這樣的改變，增強那些想要繼續推進下去的人的決心。總而言之，對笛福而言，他認為第一個存在的危險，是這兩個危險當中最讓人感到可怕的。因此，他表示會將自己全部的精力投入到維持公

眾信譽方面，並且建議所有真正的輝格黨黨員也這樣做。「雖然，我不喜歡這艘船上的船員，但我不希望這艘船沉入大海。我會盡自己最大的努力去拯救這艘船。我會努力將船上的水都舀出去，做自己所能做的事情。雖然船上的其他人可能都是我的敵人，但這又有什麼關係呢？這個道理是非常簡單的。我們都在同一艘船上，因此不是一起前進，就是一起沉入大海。」

還有比笛福的這段話，更加讓人覺得合情合理的嗎？還有比笛福這樣的表態更能展現愛國精神的嗎？事實上，要不是那些流氓抗議笛福沒有能力去討好那些權貴的話，我們很難找到笛福還有什麼做得不足的地方。笛福在他隨後創作的《呼籲榮譽與正義》這本宣傳冊裡，就坦率地說明了這些事情背後所隱藏的其他東西。很快，笛福就回歸到了社會運動上，他採取一些行動，確保能夠與政府保持聯絡，而笛福卻始終都在否認這樣的連絡是存在的。在戈多芬遭到解職之後，笛福對我們說，他在等待著戈多芬，「並且謙卑地詢問戈多芬公爵，他接下來應該走哪一條路。」戈多芬立即用哈利之前曾向笛福做出保證的話那樣向他保證，內閣的人事變動不會對他造成任何影響，表示笛福始終都是女王陛下的僕人，因此他所做的一切，都應該是按照女王陛下的指引去做。在笛福看到這場鬥爭塵埃落定之前，他選擇了等待。之後，他去與那些內閣成員會面，並且從這些內閣成員那裡，取得了女王陛下的命令。因此，笛福決定按照下面的原則去指引自己的行為：

「我立刻想到，這應該成為我的行為原則，就是女王陛下安排誰擔任內閣成員，跟我都是沒有什麼關係的。我的責任就

是與每一位內閣成員合作，只要他們不做違背憲法的事情，不做違背我國法律與自由原則的事情，我都會與他們一路。我要做的，就是在合法的基礎上去履行自己的責任，不去做任何法律不允許去做的事情。我要以這樣的原則去要求自己。」

正如笛福所說的，上天就這樣將他推回到了原先幫助過他的人身邊。他從哈利那裡得到了任何的報酬、滿足感、回報都是次要的：「只有女王陛下對他的任命，才會讓他感到高興。」不過有趣的是，笛福始終都極力否認存在著女王陛下對他進行任命的這回事。當然，笛福否認這一事實有可能是真實的。事實上，事情的真相很有可能是，當笛福用莊嚴的口吻表示，他從未「得到過任何人的指引、命令，或是讓別人對他發號施令，或是去寫任何他們想要看到的文章方面，或是出版任何他們想要看到的書籍與宣傳冊。自從戈多芬擔任財政大臣之後，他就不需要聽從牛津伯爵、已故的財政大臣或是任何人的命令。」從這方面來看，笛福說的也許是事實。笛福表示「在他的所有創作當中，他從未犧牲創作的自由，總是按照自己對事情的判斷去表達自己的觀點與立場。」對於笛福的此一說法，我們是持相信態度的。笛福是一位非常聰明的僕人，的確不需要別人的任何指示。

在這場新選舉當中，笛福為哈利所從事的祕密活動，也許早被世人所遺忘了。在《評論》報紙上，笛福始終堅持一種論調，就是希望讀者不要將他的文章與當時的政治局勢連繫起來。這樣的做法，與笛福在之前幾次選舉期間給選舉人的建議是一樣的。笛福想要從一開始，就讓自己專注於選擇的方式，

而不是專注於那些被選擇的人身上。笛福從未譴責賄賂、恐嚇、騷動、聚眾鬧事，或是任何一種干預選舉人自由選擇權利的行為。至於那些被選擇的人，笛福的建議還是與之前一樣，就是應該選擇溫和的人 —— 具有常識與品行的人，而不是那些容易衝動與暴怒的人。但是，笛福不再像之前那樣堅定地表示，只有輝格黨才是擁有這項品格的人。現在，笛福了解到，在輝格黨當中，也存在著激進的輝格黨黨員與溫和的輝格黨黨員，就如在托利黨當中，存在著激進的托利黨黨員與溫和的托利黨黨員一樣。在笛福看來，無論是輝格黨上臺執政，還是托利黨上臺執政，都要避免兩黨的激進派上臺，而是選擇那些溫和派人士，這對整個國家才是有好處的。「如果我們的國會裡面，都是那些充滿野心的托利黨黨員，那麼托利黨就完蛋了。如果我們的國會裡面都是那些激進的輝格黨黨員，那麼輝格黨也要完蛋了。」

　　笛福所提出的諸多建議，都是無懈可擊的。但是，輝格黨認為，當笛福宣稱，如果我們擁有一個托利黨控制的國會，那麼整個國家就會完蛋的時候，就察覺到笛福的立場發生了轉變。這就好比一位有著共和精神的作家在 1877 年 5 月 16 日的爭辯[57]之後，警告法國人不要選那些激進的共和黨黨員，並且

---

57 1877 年 5 月 16 日的爭辯（16 May 1877 crisis）：法蘭西第三共和國時期，總統有著巨大的權利，但其命令需要各部部長的同意才能生效。國民會議解散後，1876 年眾議員選舉，結果共和黨獲得多數，12 月，共和國控制的眾議院迫使當時的總統麥克馬洪接受溫和的共和黨的朱爾·西蒙擔任總理，但保守黨控制的參議院沒有批准，1877 年 5 月 16 日，麥克馬洪在夫人的鼓勵下給朱爾·西蒙寫了一封信，要西蒙辭職，於是出現了「5 月 16

第六章　薩謝弗雷爾先生與政府的變革

回應元帥總統的建議，將他們的選票投給其他黨派的溫和派人士。當托利黨黨員控制的議會重新出現的時候，笛福對他的黨派的忠誠度並沒有任何增加。笛福從未想過要透過將所有的議員稱為輝格黨黨員，來證明自己的忠誠。笛福用最痛心的方式表示，這場選舉充滿著混亂與騷動，這是非常恥辱的。除此之外，笛福還批評了很多選區的選舉都是來亂的。「這不是，」笛福說，「你們想要選舉出來的自由國會。你們彼此間總是不斷地抹黑，攻擊與聚眾鬧事，希望能夠借此影響整個選舉過程。但是，由暴徒們影響的選舉，絕對不是自由的選舉，就好比當年克倫威爾憑藉著常備軍的武力炫耀獲得選舉勝利一樣，這都是非常不公平的。國會選舉與聚眾鬧事，是兩種截然不同的事情，不應該同時出現的。」儘管如此，笛福還是希望那些溫和派人士能夠當選。

「正如我跟你所說的，我有充足的理由認為，一些人很快就會走在一起，這些人有著相同的特質，他們傳遞出他們能夠做到的信念給民眾。當他們聚集在一起的時候，他們不會像那些瘋子那樣肆無忌憚地做一些事情。他們會按照革命的原則去做事，始終堅持法律的原則，按照自身的秉性，以溫和的方式

日危機」。西蒙辭職後，他邀請保守的布羅伊公爵出任總理，繼而在取得參議院同意的情況下，在 6 月 25 日強行解散眾議院，於是產生了究竟是總統還是議會控制政府的問題，但 1877 年 10 月眾議院選舉中，共和派仍占優勢並對布羅伊內閣投出不信任票。12 月 13 日，麥克馬洪做出讓步，同意接受保守共和黨的朱爾‧杜弗爾擔任總理，並由大多數共和黨黨員擔任內閣部長，1878 年 1 月 5 日，共和黨在新的參議院選舉中大獲全勝，麥克馬洪隨後提前辭職，退出政界。從此，法蘭西第三共和國的總統失去實際權力。由議會接管、主控政府。

去追求正義，支援我們所有人的共同利益 —— 我將這樣的原則稱為輝格黨主義，或者說是一個真正的輝格黨黨員應該具有的行為準則。」

「我不需要繼續跟你們談論他們為什麼會成為這樣，或是為什麼會這樣做。我認為一個最簡單的原因，就是他們這樣做，完全是出於尊重憲法精神以及他們所處的環境。這不需要進一步的證明 —— 他們將會成為真正的輝格黨黨員，他們肯定會成為輝格黨黨員。除此之外，我們沒有別的辦法，因為憲法的精神就代表著輝格黨的精神。」

新一屆的國會議員，不是輝格黨，就是叛國者。因為任何一個支持新教繼承權的人肯定都是輝格黨，而任何反對的人都是叛國者。笛福運用自己的才華去玩這樣的文字遊戲，希望能夠贏得大眾的支持。無論是在《評論》還是在其他文章裡，笛福都始終堅持一個觀點，即每一個真正的輝格黨黨員，都要維護公眾信譽，因為任何允許公眾信譽遭受損害的人，都必然會讓詹姆士·愛德華·斯圖亞特那些王位覬覦者有機可乘。針對很多人指責輝格黨黨員從公共帳戶裡收取走了很多金錢，並借此來表示輝格黨不信任政府的時候，笛福大聲說：「一派謊言！倘若事實真相真的如此，那麼他們就不是輝格黨黨員。」很自然的，在笛福的《評論》報紙上發表的文章，其實已經表達了支持這個實際由托利黨控制的內閣。很多人指責笛福已經投靠了托利黨。「什麼，先生們，」笛福反駁說，「在你們看來，我可能更像投靠了土耳其人，而不是投靠了那些野心家。你們將我描繪成了一個信仰伊斯蘭的教徒，這是荒唐可笑的，但更加

荒唐可笑的是，你們竟然說輝格黨已經失去了他們原先的信譽。事實恰好與此相反，即便這個時候的內閣沒有一名輝格黨黨員，我仍然會感到滿意，因為這與是否還有信譽是沒有任何關係的。」

「如果這個國家的信譽能夠得以繼續維持，我們所有人都應該像輝格黨那樣去做事，因為只有透過這樣的方式，我們才能維持這個國家的信譽。要是在面對暴政專制的時候，我們採取不抵抗的政策，要是那些擁有特權的人可以僭越在法律之上，而民眾的財產可以成為某些人隨意控制的東西，那麼這樣的國會要來還有什麼用呢？政府的信譽來自輝格黨的賦予，而只有輝格黨黨員才能更好地展現出這個國家的信譽。因此，那些談論輝格黨失去信譽以及消極順從的說法，都是一派胡言。」

要是笛福在這些文章裡，能夠專注於那些非常擔心哈利的同事祕密進行的詹姆士二世黨黨員的活動會暴露的輝格黨黨員，從而引誘著他們從公共基金裡取出金錢的話，那麼笛福其實是無法打消民眾的這些顧慮的，輝格黨這樣做到底是一種巧合，還是為了真正的愛國精神而犧牲黨派主義。笛福的這一說法，是很難適用於另一件事情的。雖然笛福列舉了很多貌似合理的理由，但他實際上還是支持著這個由托利黨控制的內閣。我們已知道了笛福是如何談論在輝格黨執政的時候，馬爾博羅公爵以及戈多芬管理軍隊與財政方面的工作。當托利黨上臺執政的時候，他們立即著手重新確認他們的承諾，既要對他們的前任內閣成員是否存在貪汙腐敗的情況進行調查。關於這件

事，笛福表達了贊同的態度。雖然他之前表示，這樣做是非常有必要的，但這仍然是笛福在認真思考之後做出的表態。

「對戰爭或是戰鬥中出現的致命失誤進行調查，這是民眾一直要求的。我想任何人都不會反對這樣的調查。要是我們的賞罰制度能夠更加完善，那麼一些人就不會敢那麼輕易地犯錯，一些人也不敢輕易地找尋別人的錯誤。但不管怎麼說，這樣做雖然有點遲了，但總比不去做要來得好。當這場調查要正式展開的時候，必須要在幾個方面真正產生積極的效果，比如既要將過去的錯誤揭露出來，又要做到防止重新出現過去的錯誤。就我而言，在過去的很多年裡，一直都在抱怨很多當權者因為任性而犯下的錯誤導致的不公平，因此我們希望在對此進行認真細緻的調查，能夠還所有人一個公道，我為展開這樣的調查工作而感到高興。」

笛福使用幽默的筆觸與嫻熟的文字能力，對這次調查進行了雙重的解讀。他談論到了這樣一個事實，即新一屆國會並沒有像往常的國會那樣，透過正式投票的方式，一致通過表揚馬爾博羅伯爵在上次戰鬥中做出的傑出貢獻。

「我們在公開表揚軍隊將領方面，遇到了許多麻煩。一些人認為，某些著名將領已經得到了足夠多的獎賞，而一些人則認為，對這些著名將領的獎賞還仍遠遠不夠。其實，這是一件好事，但雙方都不希望我在這件事情上表達自己真實的想法。但是，我說服了他們。我認為，任何將軍無論功勞多大，他所獲得獎賞都不能超越法律允許的範圍。但是，馬爾博羅公爵能夠得到民眾對他的衷心愛戴。」

　　但是，笛福的讀者也會抱怨說，他沒有對「應該」這詞進行明確的定義。笛福用幽默的方式表示，至於對這個定義的理解，他會留給讀者們去進行思考。在讀者們談論政府管理不善這個問題時，笛福會提出他之前一貫給出的建議給他們。「當你們不斷撕咬與吞噬著對方的時候，你們肯定會出現處置失當的後果。你們要結束這樣的派系鬥爭，結束你們的喧鬧，結束你們聚眾鬧事的行為，否則你們將永遠無法解決真正需要解決的問題。」不過，笛福之前只是透過譴責那些野心家的方式，希望國內實現和平的局面。笛福仍然在追尋著同樣的目標，只是他採取了不同的方式，因為現在那些野心家的領袖已經重新掌權了。當笛福宣稱「那些將新一屆內閣成員說成是全部由托利黨與野心家們組成的輝格黨黨員，這些人都是愚蠢的輝格黨黨員。」毫無疑問，笛福的這個說法是正確的。但是，如果笛福能夠始終堅持他之前的觀點，而不是因為內閣裡的溫和派人士占少數的事實而改變之前的觀點，從而更好地將這些危險的因素排除在外的話，那麼笛福的觀點會得到更多人的支持。

　　不過，我們必須要承認一點，當哈利的首相職位受到那些認為他是一個溫和派首相的野心家的威脅時，笛福仍然以間接的方式去表明自己的觀點，那個著名的 10 月俱樂部在 1711 年秋天成立了，這個俱樂部成立的目的，就是為了敦促內閣採取更加激進的方式去對抗那些輝格黨官員，在全國各地組建高教派的煽動團體。這些煽動團體主要是由地方的鄉紳組成，這些鄉紳都希望看到上一屆政府的內閣成員遭到彈劾，希望看到馬爾博羅公爵被解除軍隊的指揮權。在哈利的煽動下，斯威夫特

寫了一篇「充滿建議」的文章給那些狂熱的黨派分子，懇求他們要對新一屆的內閣擁有耐心與信任，並且表示他們希望實現的目標，最後肯定都會實現的。此時，笛福則是透過創作風格激烈的文章，對這些身居高位的人進行譴責。在他的《評論》報紙上，笛福將這些人稱為隱藏起來的詹姆士二世黨，聲稱這些人都是法國那邊派過來的，正在進行著「祕密活動。」「與他們一起的，還有受人尊敬的社會階層中的一些著名人士。」為了闡明這個觀點，笛福寫了兩本宣傳冊。這樣的「小規模戰鬥」，幫助哈利實現了兩方面的目的，一方面就是壓制他所在黨派內的那些狂熱分子，另一方面就是讓笛福展現出公正公平的立場。在憲法的制度尚未完全牢固，處於安危未定的時候，這樣的黨派鬥爭在英國歷史上是處於最激烈的狀態。對笛福而言，他首先是一名真正的英國人，然後才是一位輝格黨黨員與非國教徒。不過，笛福這一次選擇支持托利黨控制的內閣。笛福做出這樣的選擇，並不是他的過錯。笛福做出這樣的選擇，可能會遭到很多人從充滿惡意的層面上去進行懷疑，但是任何人都無法懷疑笛福始終保持著個人思想的獨立性。當之前那些迫害過他的野心家諾丁漢伯爵來到輝格黨黨員中間，提出了一個全新的法案，希望能夠廢除《間或偶奉國教法》的時候，輝格黨表現出了默許的態度，或者說他們沒有做出明顯的反對。在這件事情上，笛福寫了很多表達強烈反對意願的文章。但是，正如笛福所抱怨的，即便是這些非國教徒也拒絕與他們的盟友合作。在這個時候，輝格黨也對笛福站出來強烈譴責高教派人士感到不滿，因為他們也對笛福強烈指責他們放棄了對非

國教徒的保護，從而讓那些迫害者可以肆無忌憚地進行迫害的說法，感到非常不滿。笛福表示，非國教徒們必須要看到，無論是在低教派控制的內閣，還是在高教派控制的內閣，他們都不會得到任何好的結果。但是，很多非國教徒們認為，輝格黨在國會裡是少數派，因此根本無法阻止這個法案的通過，不管輝格黨是多麼想要阻止這個法案，也是無力回天的。因此，他們只能表達對那些掌權者的忠誠。

　　這個時候透過閱讀一份保存下來的當時的檔案，可以讓我們對笛福的品格有所了解[58]。梅斯納格是法國國王派來遊說英國內閣成員的一名間諜，希望能夠與英國人就和平協議進行協商。因此，梅斯納格希望找一位有能力的宣傳冊作者來宣揚法國的利益。一個瑞典人推薦了笛福，因為笛福在前不久剛剛出版了一本名為《英國結束這場昂貴戰爭的諸多理由》（*Reasons why this Nation ought to put an end to this expensive War*）的宣傳冊。梅斯納格讀了這本宣傳冊之後，感到非常興奮，立即派人將這本宣傳冊翻譯成法文，然後在荷蘭地區發行這本宣傳冊。梅斯納格還讓這位瑞典人去邀請笛福，並送了一百枚金幣給笛福。笛福收下了金幣，然後將這件事告知了女王陛下。梅斯納格記錄下了這件事，表示「雖然他在笛福身上沒有實現自己的目標，但他所花的錢也許並沒有白費。因為在後來，我知道了笛福始終都在為英國服務。他告訴女王陛下他收下了一百枚金

---

58 我對這份紀錄的真實性還是持懷疑的態度的，因為這份紀錄將梅斯納格在進行談判時的細節內容都翻譯出來了，也許，這個故事是笛福本人所寫出來的。

幣的事情。因此，我只能不去打草驚蛇。同時，我也對笛福沒有發現自己的身分而感到高興，因為在這個時候暴露身分，這是非常危險的。」這件有趣的事情可以表明，大眾對笛福的看法，同時表明了笛福並不是一個容易被腐化的人。毫無疑問，笛福這位工於心計的人也許要在智慧層面上遠遠勝過這位法國間諜。倘若這位法國間諜沒有及時得到警告，停止繼續向笛福賄賂，那麼他在英國政府內部打探情報的事實就可能會暴露出來。

在戈多芬掌管內閣的時候，笛福就一直發表文章，指出必須要結束這場漫長的戰爭，實現和平。讓我們不惜一切代價去實現和平吧。這始終是笛福在他的文章裡所提到的，但在現實狀況中，卻始終都沒有達成任何真正有價值的和平協議。與此同時，這場戰爭仍然在如火如荼地進行著，估計這個世界上只有那些戰爭狂人願意看到這樣的局面。至於那些不斷將笛福在新一屆內閣上臺前後所寫的文章進行比較的對手，笛福總是不斷地向他們提出挑戰，懇求他們去證明他是否存在著表裡不一的情況。當他做出提出的挑戰時，他始終都站在最安全的境地，因為當時的政治環境已經發生了一百八十度的轉變，因此每個人都完全有理由改變之前的一些觀點。同盟者的計畫因為神聖羅馬帝國皇帝約瑟夫一世的去世而被打亂，皇帝的弟弟查理六世繼任，在這個全新的局面下，西班牙國王的皇位就落到了來自法國的腓力五世手上，這也是他們的盟友一開始發動戰爭時想要追求的結果。不過，對英格蘭來說，要是讓西班牙的統治權落入到路易的孫子，安茹王朝的菲力普手上，這是極為

危險的，因為這打破了歐洲大陸政治勢力的平衡。笛福表示，要是腓力五世及其後代繼續擔任西班牙的國王，那麼他們就有可能長時間統治西班牙，這對我們是最危險的。笛福所表達的主要觀點，也是在威廉三世統治後期時想要發動對法國戰爭的主要藉口。笛福當時用鄙視的口吻對此進行了一番諷刺。但是，時代的環境已經改變了。此時的笛福不僅願意接受這樣的觀點，而且還發表了一篇文章：「證明發動戰爭的做法，無論是在威廉三世統治期間，還是對所有同盟國來說，都是最合乎常理的。因為西班牙王室絕對不能與法國國王本人有任何關聯。」笛福對和平概念的理解是，按照《分割協議》，西班牙在歐洲大陸應該成為法國與德國之間的緩衝，而西印度群島則是英國與荷蘭的緩衝地帶。

不過，雖然笛福以各種方式去講述實現真正和平所應該具備的條件，他還是將自己的主要精力投入到證明在某些條件下去實現和平，這是必要的。笛福詳細地談論了這場戰爭的巨大開支，列舉了讓人信服的例子，證明了這場戰爭正在不斷摧毀我國的商業貿易。當然，笛福說的都是絕對的事實。但是，如果他當初收受了梅斯納格的賄賂，並且忠誠地按照梅斯納格的要求去做，那麼他就能夠更好地為法國國王的利益服務，而不是在那個關鍵的時刻創作宣傳冊。英國認為有必要出於現實條件去達成和平協議的想法，為路易國王提供了優勢，因為他也急著想要與英國實現和平。路易國王在烏得勒支大會上提出的建議，在他看來肯定會被英國內閣與女王陛下所接受的。倘若不是憤怒的輝格黨對此表示強烈的反對，那麼這個和平協議將

會達成，而這場戰爭也會成功地結束。在路易國王看來，向英國與荷蘭做出領土的讓步，這是微不足道的事情。因為法國仍然有權在法蘭德斯一些軍事城鎮駐紮軍隊，還擁有加拿大的部分領地。但是，英法兩國並沒有就西印度群島的利益瓜分進行商量——當時的西印度群島仍然是屬於西班牙的領地。在這兩個重視商業貿易的國家，重新恢復商業貿易，才是他們主要想去實現的目標。若是從歷史的角度去看，路易國王所接受的這些建議，對他的國家來說要比其他國家來的更為有利。就英國而言，英國會對進口的商品免除高額的關稅，作為回報，我們也會給予法國進口商品同樣的最惠國待遇。總而言之，我們可以與法國進行自由貿易。那個時代的商業階層雖然都對這樣的協議感到困惑，但他們都認為這是一個天大的好消息。

正是因為笛福一直在發表文章宣揚自由貿易，因此很多人認為笛福對那個時代的商業漏洞瞭若指掌。但是，倘若我們認真閱讀一下笛福創作的相關文章，就會發現笛福精於商業貿易純粹是一個匆忙下的結論而已。在笛福身為爭論者的藝術裡，我們根本找不到笛福試圖要修正大眾對商業貿易誤解的做法。相反的，笛福習慣性地以理所當然的方式認為自己提出的觀點是正確的，並且在這樣的前提下去得出結論。笛福就曾在文章裡公開表明，自己是一位具有原則的禁酒主義者：

「我完全不同意那些人的說法，他們說禁酒令會摧毀我們的商業貿易，他們說真正聰明的國家，比如荷蘭，就根本不會執行什麼禁酒令。」

「在上帝的祝福下，我們的國家可以從其他國家進口原材

料去進行加工，但是任何國家都不可能去生產這個國家原本就沒有的東西。因此，要是我們不從原材料方面去禁止這方面的進口，那麼這必然會為我們的國家帶來不良的影響。」

很多人嘲諷笛福的立場，稱他現在的立場與他在威廉三世統治時期支持禁酒令的立場是截然相反。但是，笛福勇敢地站出來表示，在威廉三世統治時期，實行禁酒令是完全有必要的。但是，我們目前能夠從實行禁酒令中獲得利益，這完全是出於我們自身的利益去進行考量。正是出於同樣的理由，我們認為當時實行禁酒令是正確的。現在，若是世界上還有國家這樣做，那麼這個國家肯定是在做著極為瘋狂的事情。在威廉三世統治時期，英國的貿易逆差是八十五萬英鎊，之所以出現這麼高的貿易逆差，部分原因在法國國王對我們的羊毛織品徵收了高額的關稅。

「我的意思是，每個認為打開了法國市場，我們與法國每年的貿易逆差就會達到八十五萬英鎊的人，肯定會認為我這樣說是瘋狂的。但是，倘若我們換一個相反的角度去看待這件事，我可以證明，當我們每年的貿易逆差是八十五萬英鎊的時候，我們就能夠透過貿易將這個貿易逆差數字變成貿易順差六十萬英鎊。我希望我們的國家能夠實現這個目標，因為我國的商人有這樣的商業智慧。但是，倘若我們不與他們進行商業貿易的話，那麼我們就沒有機會做到這點。」

在《評論》英文第八卷的前言裡（1712 年 7 月 29 日版），笛福宣布了他不再繼續進行該報出版的原因，表示這與國家對報紙的徵稅有直接的關係。我們很難認為，這是笛福的真

實動機。事實上，即便在笛福宣布不再出版《評論》報紙了，但這份報紙還是以單頁的形式繼續出現，並且一直持續到了1713 年 6 月 11 日。在這個時候，笛福想要從事一項全新的專案 —— 他表示要創辦一份報紙，這份報紙主要談論的內容是與貿易事務相關的。笛福在過去曾說過，《評論》報紙主要談論的目標就是商業貿易，但後來因為政治形勢影響，笛福在很長一段時間內都偏離了這個主題，直到最後根本沒有談論任何與商業貿易相關的話題。不過，1713 年 5 月，當民眾的情緒與國會充滿火藥味的辯論，在與法國的商業貿易問題上達到頂點的時候，笛福創辦了一份名為《商人》的報紙，這份報紙專門談論與商業貿易相關的事情。笛福拒絕承認自己是這份報紙裡文章的作者 —— 只表示他在擔任這份報紙的編輯與統籌等工作。笛福說，他沒有權力去規定哪些內容是可以登上報紙的。事實上，笛福的說法可能是真實的。不過，這份報紙的每一期內容都能夠看到笛福在思想與觀念層面上對民眾的指引。《商人》這份報紙在觀點、風格與精神等方面，都與《評論》報紙是完全一樣的，唯一的差異就是在這兩份報紙在攻擊輝格黨在商業貿易方面所持立場的強烈程度。這年夏天，黨派的鬥爭是如此激烈。在《烏得勒支協議》條款公布之後，笛福也許會為自己以其他人的名字來表達自己的觀點感到暗自高興。他不斷透過《商人》這份報紙，對一些看似公正客觀的說法進行體無完膚的批判，直到這些所謂的說法都顯露出原型。

《商人》這份報紙的主要目的，就是要向英國讀者表明，英國不僅能夠扭轉之前的貿易逆差，而且還能實現貿易順差，

最後實現貿易平衡。此時，輝格黨創辦的《飛郵》報紙就諷刺
《商人》報總是為一個不可能實現的目標而圓謊。但是，笛福
的《商人》報則將英國進口與出口的名單都詳細地列舉出來，
並且還將英國與法國在各個行業的貿易詳細情況都寫出來了。
笛福一直都喜歡在敵人的國家發動戰爭，希望透過對禁酒令進
行攻擊，或是按照大家都能夠接受的協議，去達到貿易平衡的
原則。笛福站在他們的立場上，勇敢地與敵人進行戰鬥。「要
是我們將過去四十年與法國的貿易資料都進行統計，並計算進
出口的商品數額，我們就會發現英國似乎總是能做到貿易平
衡，而法國則是出現貿易逆差。」笛福接著表示，要是按照目
前大家都能夠接受的商業原則去看的話，法國國王同意取消對
英國商品的高額關稅，其實就已經是做出了巨大讓步。這也正
是笛福一直以來想要證明的。「法國國王取消對英國商品的高
額關稅，這將會毀掉法國的工業生產。」很多人認為，與法國
的和平協議條款，會毀掉英國的製造工業。笛福表示，真正的
情況可能剛好與此相反。在這個情形下，笛福的行為就像某個
黨派的御用作家。笛福始終都不是一位自由貿易主義者，至少
從原則上來說，他不是自由貿易主義者。我們可以從他在 1728
年出版的《英國商業計畫》（*Plan of the English Commerce*）這本
書的下面這些節選內容裡看出來：

　　「因為商業貿易提供了一個國家獲得財富與力量的資金保
障，所以很多國家明智的國王，都急切地想要拓展商業貿易活
動，希望以此來提升國家的經濟發展，他們都想要不斷宣揚與
推廣本國國民所製造的商品，他們都想要透過這樣的活動為本

國民眾創造更多的就業機會。尤其是，他們希望透過商業貿易將金錢留在他們國內。與此相反，很多國家都會禁止從國外進口本國能夠生產出來的商品，不願意進口別國民眾的勞動力，因為這樣的商業貿易會讓本國的財富流向國外。」

「當我們看到那麼多國王與國家都積極地想要在本國建立製造工廠，希望能夠透過商品貿易的方式，將鄰國的財富帶到本國，也就不足為奇了。他們希望能夠以合理公正的方式，從其他國家進口一些原材料，然後再對原材料進行加工，接著出口到這些國家。」

「因此，我們不能指責法國或是德國想要衝擊英國在羊毛生產的地位，他們也是希望本國的民眾去模仿我國的羊毛製造商，同樣希望透過羊毛的出口來獲得更多的利潤。」「如果一些國家可以自行生產一些羊毛衣服，或是生產出替代羊毛的製品，我們同樣不能指責這些國家禁止國民使用或是穿著我們製造的羊毛衣服。」

「這個道理是非常簡單的。鼓勵本國民眾積極參與商業活動，鼓勵製造商僱用本國民眾，大力促進本國民眾消費國產的商品，這都有助於將他們的金錢留在國內，不會出現資金外流的情況，這顯然是符合每一個國家的根本利益。」

「因此，法國禁止英國的羊毛織品生產商的商品進入法國市場，這與英國禁止法國的絲綢、紙張、麻布或是其他商品進口，或是對這些商品課以重稅的道理，其實是完全一樣的。正是出於同樣的理由，在商業貿易活動中，我們會禁止從東印度群島進口而來的絲綢、印花棉布等商品。我們還禁止進口法國

的白蘭地、巴西的糖果以及西班牙的煙草以及其他商品。」

第七章
動盪時期的困難之處

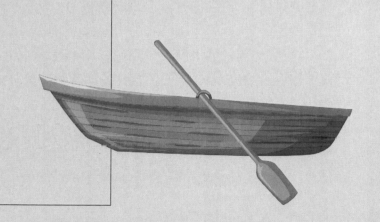

　　笛福衷心為哈利工作的做法，引發了他過去盟友 —— 輝格黨 —— 極大的不滿。笛福經常會以悲傷而不是憤怒的口吻抱怨這件事。對笛福來說，他除了這樣做之外沒有其他選擇的餘地。從始至終，他所做的事情都是為了整個國家的利益，從來不是為了某個黨派。在這個危險的時代，要是一個作家真的是出於自身原則去進行創作，肯定會遭到各種打壓。如果他寧願冒著置身於懸崖邊的危險，也要去說出毫無偏見的真理，那麼他就必須要忍受輝格黨與托利黨雙方的攻擊。笛福這種一心只為國家利益著想的愛國情感，讓他寧願為自己誠實的內心而忍受痛苦與煎熬，很自然地引發了那些派系的憤怒。不過，當輝格黨想要迫害笛福的時候，他們所找的理由，竟然是笛福在一些宣傳冊裡為詹姆士·愛德華·斯圖亞特的黨員進行宣傳。這的確充分展現了黨派鬥爭的殘酷性。1712 年年底，笛福發表了一本名為《合理地反駁天主教徒與詹姆士二世黨奉承斯圖亞特黨》（*A Seasonable Warning and Caution against the insinuations of Papists and Jacobites in Favour of the Pretender*）。在笛福的這本宣傳冊裡，任何詹姆士二世黨黨員都無法反駁笛福所說的這段話：

　　「親愛的英國人，請你們思考一下，要是這位詹姆士·愛德華·斯圖亞特成為了國王，我們的國家會變成什麼樣子呢！這個國王肯定是青睞於天主教徒的國王。他肯定是一個從小接受專制統治教育的國王，他肯定是一個受到法國國王牽制的國王 —— 在這樣的人擔任你們的國王時，你們距離失去自由還有多久呢？你們是否距離宗教信仰自由更加遙遠了呢？當你們

的雙手都被捆綁起來的時候，當軍隊鎮壓你們的時候，當權力壓迫著你們的時候，當一個專制的國王讓你們手無寸鐵的時候，當一個信仰天主教的法國專制國王控制你們的時候，你們該採取什麼辦法，才能繼續維持你們的新教信仰呢？」

在笛福所創作的第二本宣傳冊《漢尼拔兵臨城下》（*Hannibal at the Gates*）裡，笛福就強烈地敦促輝格黨與托利黨進行合作，廢除過去那種黨派鬥爭的精神。笛福在表達這樣的心願時，語氣是非常堅定的，從未想過要偏向任何一個黨派。笛福接下來的第三本宣傳冊的題目更是讓人感到震驚：《反對漢諾威王朝的繼承 —— 如果詹姆士·愛德華·斯圖亞特黨再次復辟？我們應該思考詹姆士·愛德華·斯圖亞特黨重新復辟後所帶來的真正後果 —— 這個問題是很多人都沒有想過的，但是，如果我們的女王即將要去世呢？》（*Reasons against the Succession of the House of Hanover —— And what if the Pretender should come? or, Some considerations of the advantages and real consequences of the Pretender's possessing the Crown of Great-Britain —— An Answer to a Question that nohody thinks of, viz., But what if the Queen should die?*）不過，雖然這本宣傳冊的名稱很震撼人心，但裡面的內容基本上都是以諷刺為主。笛福反對漢諾威王室擁有繼承英國國王的繼承權，原因在於他認為我們國家應該遠離法國這樣信仰天主教且世代專制的政體，因為這是我們首先要戰勝的一個敵人。催吐劑對於某些人的健康來說是有好處的，但不可能對一個健康的憲政政府來說也是有好處的，因為這會讓整個國家都陷入獨裁。笛福運用同樣諷刺的文字，去描述了托利黨在 1708

第七章　動盪時期的困難之處

年執政時發生的事情。笛福表示，詹姆士·愛德華·斯圖亞特黨重新掌權的一大好處，就是讓我們能夠避免與法國人再次爆發戰爭，也不再需要在信奉天主教的歐洲大陸國家裡，繼續維持著新教的傳統。笛福在這本宣傳冊裡想要表達的觀點，相比來說不是那麼的明顯。透過這些宣傳冊，笛福想要表達的是，如果女王陛下突然去世，英國政壇就會陷入混亂，這樣英國民眾的個人財產、不動產、繼承權、土地、物品以及自由的生活，都將會遭到嚴重的損害。但是，笛福在這三本宣傳冊裡，都沒有談到任何可以被解讀為支持詹姆士·愛德華·斯圖亞特黨的證據。笛福之所以創作這些宣傳冊，只是為了支援漢諾威地區選舉人的繼承權。為什麼輝格黨要迫害像笛福這樣的作家呢？正如笛福經常抱怨的，輝格黨竟然會懲罰一位曾為他們自身利益服務的作家，這真是非常奇怪的事情。

不過，事實可能是，雖然笛福後來說服了輝格黨領袖說他所創作這些宣傳冊，都是為了他們的利益服務，但輝格黨還是認為笛福其實是在為哈利服務。在喬治親王準備登基[59]，擔任英國國王的時候，輝格黨處心積慮地想要推薦哈利出任首相。當我們認真思考一下輝格黨的打算，以及他們所做的陰謀，就會明白這到底是怎麼一回事，哈利在玩著一場雙面遊戲。至於女王陛下的繼承者到底是誰，誰也不清楚的。因此，哈利想辦法將自己置於一個安全的位置，盡可能不去得罪雙方的敵人。

---

59 喬治親王準備登基：1714 年，安妮女王駕崩，沒有後嗣。英國議會為了防止身為天主教徒的斯圖亞特王朝後裔繼位，選出詹姆士二世的祖父詹姆士一世的外孫女索菲亞的兒子，新教徒漢諾威選帝侯路德維希繼位，稱喬治一世。英國漢諾威王朝開始，斯圖亞特王朝結束。

當哈利在 1710 年重新掌權的時候，他做出了模糊的姿態，表示希望在公民守則與宗教自由原則的基礎之下，能夠寬恕一些斯圖亞特黨黨員。當有人要求他根據這個計畫採取確切的舉措時，哈利反而指責這些人，說沒有必要那麼急，並且一再拖延這件事情，直到詹姆士·愛德華·斯圖亞特黨失去了耐心。在此期間，哈利一直在向漢諾威王室表達著自己的忠誠。哈利對詹姆士二世黨做出的承諾日漸模糊，這似乎表明隨著局勢的發展，他開始相信，漢諾威王室會最終贏得這場政治鬥爭的勝利。就英國民眾對這些事情的看法而言，沒有誰能夠比笛福可以給予他更好的建議了。因為笛福此時在全國各地巡遊，進行著祕密收集情報的工作，只是為了能夠對一般民眾觀點有直接的了解。直到 1712 年年底，哈利表現出猶豫不決的態度，終於讓詹姆士二世黨完全失去了耐心。此時，笛福創作的反詹姆士二世黨的宣傳冊的第一本也出版了。笛福在這本宣傳冊的署名上，聲稱這是一位在漢諾威王室工作的英國人所創作的，這也為笛福提出的觀點提供了證據。雖然我們必須要坦誠地說笛福已經前往了漢諾威地區，並且以自己來代表哈利，表現出對漢諾威王室的忠誠。笛福就曾對我們說，在他的《合理的警告》宣傳冊裡，他就表示這本宣傳冊會在他的貧窮朋友那裡傳播。哈利希望借用這個事實，作為表明他向漢諾威王朝表明忠誠。無論笛福這些反詹姆士二世黨的宣傳冊是否能以這樣的方式來為哈利服務，都是值得我們去思考的。不管真正的影響如何，笛福的這些宣傳冊至少從表面上來說，是為了哈利的利益去創作的。笛福在這些宣傳冊裡所表達出來的諷刺，其實是針

第七章　動盪時期的困難之處

對內閣暗地裡支持詹姆士·愛德華·斯圖亞特黨的行為。在笛福看來，所有做出這種諷刺行為的人，都是天主教徒、詹姆士二世黨以及英國的敵人。因為這些諷刺是輝格黨的主要呼聲。我們現在可以知道，輝格黨發出這樣的呼聲，也是有一定原因的。我們可以輕易了解笛福創作這些宣傳冊，雖然是反對詹姆士二世黨，卻仍被他們所服務的黨派憎恨的原因。後來，笛福表示，他表示自己從未意識到內閣成員都有支持詹姆士二世黨的傾向，來為自己開脫。笛福認為，雖然內閣成員有這樣的傾向，但他們卻從沒有說出一句支持詹姆士·愛德華·斯圖亞特黨的話。笛福認為，內閣成員根本沒有理由去支持這些詹姆士·愛德華·斯圖亞特黨黨員。笛福曾說，對他而言，他們肯定不會利用他參加任何與詹姆士二世黨陰謀相關的事情。笛福向他的敵人提出挑戰，希望「他們能證明他曾經與任何詹姆士二世黨存在任何關係、社會連繫、朋友或是進行過任何對話的證據。笛福表示，自己始終對詹姆士二世黨違背民眾利益的做法極為反感，因此在任何場合下，他都極力避免與這些人進行交流」。在做出這抗議的幾個月之內，笛福就收到了輝格黨控制的政府的祕密指示，希望編輯一份反對詹姆士二世黨的報紙。但是，這件事始終遙遙無期。

　　一位具有影響力的輝格黨黨員開始迫害笛福，他將笛福稱為「一位對漢諾威王室犯下了不忠的誹謗罪」的文人。雖然，若是根據笛福所創作的那些宣傳冊內容來看的話，這樣的指控是毫無根據的。輝格黨手下的那些受僱文人也樂於見到這樣的迫害，其中一位作家也為最終能夠戰勝笛福而感到高興，希望

笛福能夠「再次入獄」。在談到笛福的時候，他將笛福稱為「出賣了個人靈魂的最卑鄙作家，不斷煽動黨派鬥爭，為了金錢而服務於自己的目的。」但是，當他們想要將笛福帶到高等法院進行審判的時候，卻發現找不到笛福，因為笛福已經在他位於紐因頓的家裡，就像魯賓遜‧克魯索那樣躲藏起來了 —— 那些反對笛福的文人一致表示，笛福的宣傳冊表現出了叛逆不忠的思想。其中一個文人表示，笛福的這些宣傳冊具有強烈的諷刺性，因此笛福應該遭受監禁或是絞刑等懲罰，這個理由不是那麼容易讓人信服的，除非我們認為，在這樣動盪的時代，法官與其他人一樣，都很容易受到黨派情感的影響。不過，法官的確有可能會認為笛福這些宣傳冊的名稱，本身就構成了誹謗罪，在民眾尚未清楚事情的全部真相時，故意混淆視聽，想要造成混亂的危險局面 —— 這就好比一個人在擁擠的戲院裡，突然大聲地喊著火了，所引發出來的恐慌情緒一樣。也許，法官在閱讀了笛福在《評論》報紙上的文章之後，雖然這個案子仍然懸而未決，但這顯然會讓他們在判決時採取更加嚴苛的態度。不管怎麼說，笛福還是逃脫了這樣的懲罰。檢察官奉命去迫害笛福，但在他審判結束的時候，笛福得到了皇室的寬恕。

輝格黨將他們的報復失敗歸結為他們中的一些脫黨分子。他們利用皇室的御用文人去造謠，說笛福之所以獲得皇室的赦免，是因為政府內閣裡潛藏著詹姆士二世黨的餘孽 —— 這是非常錯誤的指控 —— 正如我們之前所說，笛福是受到哈利的指示，為漢諾威王室服務，而不是為詹姆士二世黨服務。有趣的是，當笛福再次來到高等法院接受審判的時候，那些煽動

第七章　動盪時期的困難之處

迫害他的人是托利黨，而政府卻是由輝格黨掌控的。笛福再次因為政府的幫忙，逃脫了審判。直到威廉·李十四年前在英國文件辦公室裡發現了笛福手中的一些信件，我們才終於明白，在安妮女王駕崩的時候，托利黨政府的倒臺以及哈利推行的縮減政策之所以引發動盪的原因。此時，經驗豐富的宣傳作家與新聞從業者笛福已經五十三歲了，準備從紛繁的政治鬥爭中儘早抽身，決定將餘生的時間用於創作讓自己流芳千古的小說作品。之前很多創作笛福傳記的作者都對笛福的品格進行了錯誤的判斷，低估了他所具有的人生能量。當哈利倒臺的時候，笛福希望在輝格黨的幫助下繼續服務。為了重新贏得他們的信任，笛福做出了諸多努力。當他真的獲得了輝格黨的任命之後，這對他的榮譽其實也沒有什麼幫助。

在 1715 年初出版的《呼籲榮譽與正義》的宣傳冊裡，笛福就堅決反駁各種誹謗他是某個黨派文人的惡毒指控，並且對自己所做的任何可能引人懷疑的行為進行了解釋，宣稱自己對最初幫助過自己的恩人哈利充滿了感激之情。笛福表示，自從女王陛下駕崩之後，他就一直在絕對安靜的環境下尋求庇護。他發現只要他說一句支持漢諾威王室的話，就有可能被很多人再次攻擊。因此，他下定決心，再也不參與這些事情了。笛福用悲傷的口吻抱怨說，雖然他下了這樣的決心，在女王駕崩之後沒有寫過任何一本書，但很多發生的事情還是牽扯到他。在這種情況下，他沒有其他辦法，只能發揮自己的基督教精神，懇求能夠獲得敵人的寬恕。這是笛福自己的說法，也應該是笛福的心裡話。直到威廉·李對此進行了一番認真的研究，才讓我

們看到了從哈利內閣倒臺之後，笛福的真實經歷與他所說的還是有些出入的 [60]。

在女王陛下統治的最後時期，政府內部出現的意見分歧，最終使得托利黨控制的內閣瓦解了。笛福的《商人》報也倒閉了。在此之後，笛福似乎立即與輝格黨創辦的《飛郵》報紙的印刷商威廉·赫特聯絡。當時，《郵報》報社的所有人都在國外，但他的經理不知是出於個人恩怨還是合理的懷疑，知道赫特正在與一位被他們視為敵人的人進行交流，於是決定更換印刷商。在那個時候，報紙的名稱是沒有版權的，赫特就聯絡笛福，要求他再次創辦一份與《飛郵》有著同樣名稱的報紙報復，並且進行廣告宣傳。很多讀者發現，新出版的《飛郵》報紙要比過去的報紙更好。正是在笛福的努力下，才讓原本的《飛郵》報紙顯得比較差。《飛郵》報紙的所有人表示，這是赫特出於個人的恩怨才去這樣做的，並表示要透過法律手段來打擊侵權盜版。於是，笛福再次與法律出現了衝突。他在這份報紙上宣揚的觀點，都是支持皇室的。8 月 14 日，這份報紙高調發表了讚美喬治一世國王的頌詞，這樣的事實就能反駁笛福之前所說的，他根本不懂奉承的藝術的話。在這篇文章裡，笛福將喬治一世國王描述成一個具有仁慈、美德與能力的國王，是一個「天生善於聆聽建議，並且有能力統治全世界的國王」。幾天後，另一份《飛郵》報紙則發表了一篇文章，攻擊攝政統

60 在提到威廉·李所做出的這些有價值研究以及發現的時候，我想要表明一點，我很感謝威廉·李耗費苦心發現的這些資料，因為他所找到的這些資料，與我發現的資料是完全不同的。至於我在文章表現笛福的品格與動機的描述內容，威廉·李是不需要負任何責任的。

治時期的一些托利黨黨員，並且表示這些托利黨黨員在喬治一世國王登基之前，做了很多糟糕的事情。在柏林布洛克子爵[61]攝政沒多久，就派遣安格爾西伯爵[62]前往愛爾蘭。安格爾西伯爵尚未抵達都柏林就傳來了女王陛下駕崩的消息。他馬上返回倫敦，擔任攝政公爵。在《飛郵》報紙上，笛福肯定了，安格爾西伯爵前往愛爾蘭這趟旅程的目的，「就是為了重振那裡的軍隊，特別是提拔軍隊裡七十名誠實的軍官，然後讓菲普斯上校[63]這樣的人滾蛋，讓那些無法勝任本職工作的烏合之眾都滾蛋。」當然，這樣的指控也有某些真實的成分。至少後來君士坦丁·菲普斯爵士確實被解除了職務。但是，安格爾西爵士則立即採取行動，反對笛福的言論，並將這稱為是一種誹謗性的行為。因此，笛福遭到了逮捕，被帶到法庭上，接受審判。

不過，笛福保釋獲得了自由，雖然他之前說過自己要下定決心，不再參與任何政治鬥爭，想辦法更好地利用自由的時光。他創作了《一年的祕密歷史》（*The Secret History of One Year*）——主要在談論威廉三世登基後那一年發生的事情，證明了威廉三世對詹姆士國王統治時期那個專制政府的餘孽表現出來的仁慈，解釋了威廉三世為了安撫那些想要獲得地位與獎賞之人的心，不得不任用這些人。笛福的這本宣傳冊帶來的間接影響是非常明顯的。10 月的時候，高產的笛福再創作了三本

---

61 柏林布洛克子爵（Henry St John, 1st Viscount Bolingbroke, 1678-1751），英國政治家、政府官員、政治哲學家。

62 安格爾西伯爵（Earl of Anglesey, 1661-1751），英國政治家。

63 菲普斯上校（Constantine Phipps, 1656-1723），英國政治家、律師、政府官員。

宣傳冊。第一本宣傳冊是《給英國民眾的建議》（*Advice to the People of England*）。在這本宣傳冊裡，笛福希望民眾能夠拋棄紛爭與黨派鬥爭，像真正善良的基督徒那樣，在新國王的統治下好好生活。沒過多久，笛福就出版了名為《內部人員的祕密歷史》（*Secret History of the White Staff*）。在最後一本宣傳冊裡，笛福主要描述了他在財政大臣手下工作時所處的環境，談到了牛津伯爵，並且對他進行了一番讚美，證明了牛津伯爵絕對沒有與任何詹姆士二世黨黨員有關聯，並且肯定了很多所謂的私下交易其實都是不存在的，表示正是在哈利的建議下，很多員工都要聽從於什魯斯伯里伯爵。人們願意將這視為笛福與他那位幫助過他的人之間存在連繫的證據。不過，當哈利被關在監獄裡等待針對他的叛國罪審判時，卻發表了一份免責聲明，指出笛福所創作的《內部人員的祕密歷史》以及另一本名為《記錄牛津伯爵羅伯特行為》的宣傳冊都是與他毫無關係的。按照哈利的說法，笛福所創作的宣傳冊都是在他毫不知情的情況下創作的，也從來沒有得到他的任何指示或是鼓勵。「與此相反，他完全有理由相信，這些宣傳冊裡的很多段落，都是出於作者本人的想法，想要製造出這樣一種偏見。」哈利發表這份免責聲明，也許是出於能在法官面前表明自己的清白。不管怎麼說，笛福創作的《內部人員的祕密歷史》至少從表面上來說，根本沒有透過對任何事實的闡述來突顯他的偏見。《呼籲榮譽與正義》是笛福接下來創作的一本宣傳冊。在創作這本宣傳冊的時候，笛福突然中風，最後是出版商幫助笛福做出了聲明，描述了笛福所處的狀況，解釋了這本宣傳冊尚未完成的

原因，並且加入了這些話：「如果笛福重新恢復健康，他可能就會完成這本宣傳冊。如果他始終無法恢復健康，那麼絕大多數讀者也能了解笛福在這本宣傳冊裡所抱怨的事情。笛福在這本宣傳冊裡所提到的一些人，顯然是造成他目前身處如此災難中的原因。」這本《呼籲榮譽與正義》始終沒有任何要完成的跡象，當笛福躺在病床上動彈不得的時候，沒有展現出任何在短時間內可能康復的跡象，出版商幫他完成了結論部分。在笛福恢復健康之後，他從未試著對此這部分的內容進行任何修改。在 1 月的第一週，《呼籲榮譽與正義》這本宣傳冊就出版了。月底，意志堅強的笛福準備創作《內部人員的祕密歷史》的第三部分，並且著手對艾特伯里的《給英國不動產所有者的建議》進行回應，同時談論即將到來的選舉。接著，笛福以教友派[64]信徒的身分，繼續創作了一系列宣傳冊，其中一本宣傳冊指責非國教徒牧師煽動新政府進行嚴苛的統治，另一本宣傳冊則指責薩謝弗雷爾做了偽證，而且表現出了極度的虛偽，第三本宣傳冊則指責奧爾蒙德公爵煽動詹姆士二世黨與高教派暴徒。3月，笛福出版了《家庭指導手冊》（*Family Instructor*）一書，這是一本有四百五十頁的較厚著作。7 月，笛福創作的《一個蘇格蘭人為瑞典人服務的歷史，關於查理十二世的戰爭》（*History, by a Scots Gentleman in the Swedish Service, of the Wars of Charles*

---

64 教友派（Quaker）：又名貴格會、公誼會，興起於 17 世紀中期的英國及其美洲殖民地，創立者為喬治·福克斯（George Fox, 1624-1691）。「貴格」為英語 Quaker 一詞之音譯，意譯為震顫者，貴格會的特點是沒有成文的信經、教義，最初也沒有專職的牧師，無聖禮與節日，而是直接依靠聖靈的啟示，指導信徒的宗教活動與社會生活，始終具有神祕主義的特色。

XII）一書也出版了。

　　笛福創作的這些冊子的數量看似比較多，但還是沒有超過笛福在過去三十年裡每年創作的平均數量。笛福每天都進行著高強度的創作，加上總是處在內心焦慮的狀態，難怪上天會讓他患上中風，這是自然對他長年累月高強度工作的行為發出的一種抗議。即便是上天見到笛福這樣一位始終懷著不可抑制的勝利激情的人去進行創作，肯定也會忍不住暗暗驚嘆吧。上面所提到的那些宣傳冊，都是笛福在獲得保釋，等待審判期間所創作的。笛福面臨的這場審判在 1715 年 7 月舉行，笛福被判有罪。但是，判決的結果卻被推遲到下次庭審時公布。10 月宣判的時候，笛福沒有出庭聆聽審判結果。此時，他已經和政府達成了和解，簽訂了「投降協議」，表示自己不再進行時政方面的創作。笛福私下對首席大法官派克[65] 表示，他始終會忠於輝格黨的利益，而他之前做出任何可能偏離了輝格黨利益的行為，都是因為他在判斷上出現了失誤，而不是缺乏對輝格黨的忠誠。至於輝格黨領袖是否相信笛福的這番表態，我們無從知曉。但是，輝格黨領袖最後同意寬恕「笛福之前犯下的所有過錯」，前提是笛福從今往後要忠誠地為輝格黨服務。雖然關於漢諾威家族獲得王室繼承權的事宜得到了全國民眾的真誠認同，但是，蘇格蘭爆發的瑪律叛亂以及南部地區民眾對這場叛亂持有的同情態度，還是讓他們明白不可以輕視敵人。在民眾中間還存在著很多湧動的思潮，而不少善於煽動的野心家會借

---

65 大法官派克（Thomas Parker, 1st Earl of Macclesfield, 1666-1732），英國輝格黨政治家。

此機會來鼓動民眾，從而帶來最壞的結果。詹姆士二世黨仍然控制著一些報紙媒體，過去幾年的確發生了不少出動警察鎮壓煽動者的行為。可以說，迫害鎮壓已經成為贏得民眾同意的最穩妥途徑了。因此，笛福仍然表現出一副政府反對者的形象，表達自己對詹姆士二世黨的同情，從而贏得他們的信任，進而控制他們的出版途徑，然後將這樣的禍患消除在萌芽之中。笛福所從事的這種工作是非常危險的，需要具有極為豐富的人生經驗。倘若他被詹姆士二世黨有所察覺，或是遭到他們的懷疑與誤解，那麼笛福就將面臨著一場可怕的報復。但是，笛福深信自己的智慧，很願意投身到這場危險的政治陰謀當中去。因此，他勇敢地接受了這項任務。

第八章
後期的新聞評論工作

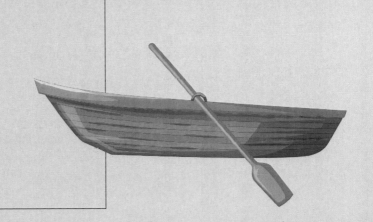

第八章　後期的新聞評論工作

　　這一章節裡，是關於對笛福人生「充滿古怪而有趣」的發現，要歸功於威廉·李的努力。倘若沒有威廉·李對資料的研究與發現，我們可能會對笛福的品格產生爭議。威廉·李從關於笛福的資料中，發現了很多自相矛盾的內容，然後對此進行研究與探尋，發現了很多之前創作笛福傳記的作家都過分按照檔案資料去對笛福的品格進行描述的迷思，他們過分相信當時那些誹謗笛福的人的話語，認為笛福只是那個時代一個御用文人，認為笛福所創作的很多作品，都是由很多三流作家胡亂創作出來的，然後冠以笛福之名。正如我們所看到的，托利黨所創辦的報紙曝光笛福的祕密工作，其實是對笛福有著極大的誤解。就這方面來說，沒有誰能夠比笛福更加了解一切，也沒有誰比笛福始終小心翼翼地保守著這些祕密，以至於晚上都無法入睡。在喬治國王統治的第四個年頭，內閣發生了改變。湯森德公爵[66]的內政大臣職位被斯坦霍普爵士[67]所取代。此時，笛福認為有必要寫信給斯坦霍普爵士的私人祕書德拉·法耶，詳細地解釋自己的立場。笛福的這封信以及之後的五封信，都是為了避免他的雇主對他產生誤解而創作。1864 年，這幾封信被存放在國家檔案辦公室，最後這些信件都落入了威廉·李的手上。下面這封信是笛福在 1718 年 4 月 26 日所寫的，以下節選其中的部分內容：

---

66 湯森德公爵（Charles Townshend, 2nd Viscount Townshend, 1674-1738），英國輝格黨政治家。

67 斯坦霍普爵士（James Stanhope, 1st Earl Stanhope, 1673-1721），英國政治家、軍官。

「雖然我相信你肯定認識斯坦霍普爵士，但我非常感謝你們能夠接受我繼續為國家服務的意願。爵士也希望對我之前的投降協議是滿意的。先生，我必須要向你坦承一點，很多事情都讓我的內心感到非常焦慮，特別是關於我個人的安全狀況以及我是否能夠繼續工作，我擔心斯坦霍普爵士會認為我無法更好地為他服務，雖然我始終都非常圓滿地完成了自己的工作。」

「因此，我認為，這不僅是我對自己的責任，也是對爵士閣下的責任。我要以盡可能簡潔清晰的語言去談論一下，我之前所獲得的指示是如何要求我去工作的。簡而言之，我所從事的工作，就是要按照上級對我的要求去做。我希望能夠得到爵士閣下的恩惠與幫助。」

「在湯森德爵士負責內閣的時候，首席大法官派克就曾給予我一些幫助，他對我詳細地說明自己的情況是感到滿意的，雖然我不得不要忍受很多人對我的誤解。雖然我一開始在坦誠的時候犯了一些錯誤，但我發自內心地認為，我所做出的坦白是真誠的，我的所作所為是為了目前的政府。我懷著極為謙卑的心坦承一切，我希望自己不會辜負派克爵士對我的推薦。」

「在這之後，我考慮到該怎麼做才能最大限度地服務政府，湯森德爵上給我的建議是，我應該以過去的形象展現在世人面前，繼續擺出與政府作對的面貌，並且與輝格黨脫離關係。可以說，透過隱藏自己的真實身分，我也許會比公開自己的立場，能更好地服務政府。我每週出版一期報紙，我總是會透過報紙的文章，去反對一份名為《變化》的醜聞性報紙。

之後，我所做的第一件事，就是每個月出版一本名為《商業政治》的期刊。在這期間，《新聞報紙》的寫手戴爾去世了，他的繼任者是多爾瑪，此人因為各種麻煩纏身，而無法正常地履行職責。於是我就提出接管這份報紙的文稿寫作，同時負責這份報紙的管理工作。」

「透過巴克利，我很快就讓湯森德爵士知道了這件事，湯森德爵士還讓我知道，我做出的服務應該能夠獲得一份讓我可以接受的報酬。因為這份報紙之前在大眾看來是具有強烈偏見性的。因此，要想在之前已經冒犯了很多人的情況下，擺出客觀公正的姿態去進行時事評論，這是最為困難的。湯森德爵士透過巴克利之口告訴我，他認為我這樣做是有好處的。」

「於是，我就參與了這份報紙的編寫。在那個時候，雖然這份報紙的所有權並不完全屬於我，但是，這份報紙的寫作風格與內容把關完全是由我負責的。我對湯森德爵士表示，這份報紙原本具有的諷刺特性必須要改變，雖然很多人認為，這份報紙應該繼續以吹捧托利黨為主題，這樣的話，托利黨就會對此感到滿意，而不會想著創立另一份新報紙，我認為，倘若托利黨另起爐灶，就會破壞我們的計畫。因此，在這些事情上，我完全是自作主張的。」

「這樣的情況持續了一年，直到湯森德爵士被解除職務。此時，湯森德爵士利用自己的貴族身分，給了我一份任命。關於這件事情，巴克利是知道的，他還承諾，只要我的工作做得好，就會給予我更多的報酬。」

「桑德蘭爵士多年來一直對我非常友善。當我背負著祕密

使命前往蘇格蘭的時候，就很高興能夠繼續這樣的工作，並且得到了一個附加的任命：在桑德蘭爵士的認可下，我偽裝成外文翻譯者，進入了《米斯特》週報工作，從而能在內部進行祕密的管理活動，同時防止這份報紙的報導出現任何差錯。但是，不管是《米斯特》週報還是任何與此相關的人，都絲毫沒有察覺到我在背後所做的事情。」

「但是，我有必要告訴我的爵士閣下，這份期刊並不是我的個人財產，我只是負責管理而已，這兩者之間是存在明顯區別的。如果在我不知情的情況下，這份報紙發表了任何冒犯你們的文章，或是如果在我的監督下出現了任何失誤，那麼爵士閣下肯定知道，是否應該指責這位僕人，或是為他提出一些改正的意見。」

「不過，這就是我負責管理《米斯特》、《商業政治》等報紙和期刊帶來的結果。這些報紙始終被讀者們認為是托利黨的報紙，但我卻想盡一切辦法，確保這些報紙發表的內容，不會對現任政府造成任何不良的影響。」

笛福其他幾封洩露祕密的信件，詳細地告訴我們他與政府之間的關係，表明自己是無罪的。按照他的說法，他之前那樣做，完全是為了與政府保持一致而犧牲自己。在其中一封信裡，笛福談到了他曾阻止一份具有叛國性質的宣傳冊出版，並且懇求他的上級祕書，向他的上級保證，他始終將這份宣傳冊的原稿保存著，除了他之外，再也沒有人見過這本冊子。在另一封信裡，笛福為《米斯特》期刊裡出現的一些「醜陋」的段落而道歉，宣稱「在我對此進行了一番詳細的調查之後，發現這

是米斯特 [68] 做的。」表示他無論是從間接還是直接方面，都與發生的這件事沒有任何關係。笛福認為自己有義務說出這些真相，來證明他之前所說的話，如果這些報紙出現了任何錯誤，斯坦霍普爵士肯定會知道他是否應該責備這位僕人，還是應該懲罰這位僕人。在另一封信裡，笛福表示，當他聽說有一個針對墨菲 —— 這位《商業政治》的印刷商 —— 的私人訴訟案件，感到非常驚慌。因為這份報紙上出現了一個段落，解釋了兩年前出現的一件讓人憎惡的事情。最後，笛福私下與對方達成了協議，做出一筆賠償。其次，笛福表示，這些事情都是與他沒有任何關係的，任何人都無法以這些事情來指控他，因此可以說，他在履行職責方面，沒有出現任何失誤。在另一封信件裡，笛福闡述了他與米斯特達成的一份協定。「我不會在細節方面打擾你，」笛福說，「但是，他接著坦白，他認為自己是錯誤的，因為政府一直都用寬容與仁慈的方式對待他。他莊重地答應我，表示再也不會冒犯任何人。巴克利之前所談到的那種自由，似乎仍然一樣，就是要與《飛郵》報紙以及輝格黨的那些作家聯手，甚至還可以與『輝格黨』這個名稱連結起來，從而承認他們之前讚美托利黨時所犯下的錯誤，都是愚蠢與無關緊要的。我對米斯特說了這些事情，他認為擁有自由就已經足夠了，並且希望他的報紙在日後能夠繼續愉悅托利黨，但不能再冒犯政府了。」如果米斯特違背了這一共識，笛福希望上級能夠明白，這不是他的過錯。笛福只能說，這位印刷商做出

---

68 米斯特（Nathaniel Mist, 1685-1737），英國記者、印刷商，《米斯特》期刊的創辦人。

的表態是真誠的。

「根據這樣的共識，米斯特今早拿給我一個密封信件。事實上，我很高興看到這封信，因為信件裡的內容是想要公諸於眾的，但卻暗地裡表達了個人的怨恨。這封信件的內容以偏頗而不公的方式去指責政府，希望透過這篇文章來影響目前的政治局勢。米斯特將這封信遞給我，是想要表明他的忠誠。我希望他的表現能夠讓你感到滿意。」

「先生，請允許我談論一下我當時的處境。因為當時的環境對我來說，是很艱苦的。當我截獲了一篇公然叛國性質的文章的時候，這與我之前阻止出版的那本宣傳冊一樣，都沒有做出很大的努力。因為這樣的事情是沒有多少人願意摻和的。但是，先生，我想要說服自己，阻止這些臭名昭著的文章出版，這肯定會是件大好事。因為一些人的確是想要為了錢而願意出版任何東西，如果想要切實阻止這些人出版這類文章，必然會打擊他們的積極性，讓他們感到失望，最後這些人就會在我們手上徹底失敗。」

「先生，我談論這些事情，以及我之前寄給你的《不要殺害謀殺者》這篇文章時附帶的一些封信，這封信是米斯特昨天拿給我的。在我看來，我認為這是一封充滿著惡意與醜聞性質的信件。要是沒有你的命令，我是絕對不會將這封信寄給你的。我必須要坦誠一點，才能夠阻止這樣一封反對國王筆下的信件（同時褻瀆著上帝）出版，這是為政府做的一件好事，而這樣的信件也絕對不應該刊登在報紙上。」

在這一系列信件的最後一封裡（時間是 1718 年 6 月 13

日），笛福向他的雇主表明：「他相信，在這個時候，報紙的功能不應該是繼續反抗或是冒犯政府了，而應該從很多方面為政府服務。為此，他已經讓米斯特完全放棄了某些提議，而米斯特也對我表示會對此做出回答。」

按照這幾封信提供的線索，威廉·李追溯到了在笛福監管下的《米斯特》期刊的歷史。米斯特並沒有像他的上司笛福所想的那樣，完全選擇放棄一些做法。與此相反，他經常會表現出無法動搖的頑固，批准刊登了一些帶給笛福以及政府很多麻煩的文章。不過，在多方勢力的角逐中，那個可憐的人總是要承受這一切帶來的苦楚。當米斯特屈服於那些詹姆士二世黨的蠻橫要求，或是反對刊登針對輝格黨喉舌報紙的文章，笛福就知道，他暗地裡控制的這個人，讓自己動輒得咎。有時，政府會出於照顧大眾情感的考慮站在他們這一邊的時候，利用這樣的時機對他們進行迫害。另一些時候，笛福威脅要退出，以後再也不和這份期刊留存任何關係。笛福還試過一兩次威脅著要這樣做。笛福的退出，很快就影響到這份期刊的銷量，米斯特懇求笛福快點回來，承諾以後會乖乖聽話。除此之外，笛福還表示，自己出於憐憫米斯特的遭遇，在他被關在監獄裡的時候，幫他繼續管理這份報紙，贏得了米斯特的感恩之情。笛福對這份期刊發表過的專欄文章進行精選，結集出版了兩卷本《雜錄集》。他們最終歷時了八年的合作，在此期間，米斯特從來都沒有懷疑笛福與政府之間存在著什麼關聯。但是，這個祕密不知怎麼竟然洩露出來了。也許，這就像威廉·李後來所解釋的那樣，這是米斯特對他的合作夥伴笛福進行殘忍攻擊的

一個重要原因！

　　當然，笛福立場堅定地站出來反對米斯特的指控，並且出版了一本宣傳冊，對當時的情形進行了一番感人的闡述，將攻擊他的米斯特描述成為一個恩將仇報的可悲之人。笛福表示，他曾幫助米斯特免於上絞刑架的厄運，並且在他最落魄的時候冒著生命風險去幫助他，現在卻使用「卑鄙無恥下流的語言去攻擊他，挑釁他，想要揮舞著刀劍面向他的恩人」。笛福的回應，讓米斯特毫無還手之力，表示自己讓他獲得了重生，甚至還請一位醫生治療他的傷口。但這還不夠，米斯特給他的回報，有的只是最惡毒的言語攻擊。這件事差點動搖了笛福對人性的信念。難道世界上真的還有如此恩將仇報的人嗎？最有趣的事情是，威廉·李將這些事情都曝光出來了，我們似乎也能夠感受到笛福對「這個缺乏感恩之心的人做出的狂暴行為」，產生一種發自內心的驚訝，認為這肯定是因為米斯特卑劣的本性臆想出來的，認為笛福一直煽動著政府對他進行迫害。也許，我們的確需要像威廉·李這樣忠誠的人，將笛福的祕密工作以及公開抗議的事情挖掘出來。否則，這樣的紀錄可能會被很多人認為是不可想像的，從而拒絕接受這樣的事實。

　　威廉·李的調查研究，並沒有局限於笛福與米斯特以及他的期刊之間的關係，而且還對笛福仕之前寫給德拉·法耶的珍貴信件裡提到的一些出版物進行了研究。當威廉·李確定了笛福在 1715 年的時候仍然沒有停止進行新聞創作的時候，他就立即去收集這個時期的期刊，希望能夠找到笛福當時創作的文章以及其他人所寫的與他相關的文章。威廉·李研究的熱忱讓

他獲得了豐厚的回報。笛福的個性就像黑夜裡的螢火蟲，始終會被我們看到。任何讀者只要對笛福的《評論》報紙進行仔細的研究，並且將這份報紙與那個時代的其他文學作品進行比較的話，就會發現笛福在寫作風格以及鮮明的創作手法方面，都具有特殊的技巧，這讓我們在辨認他的文章時，並不是那麼困難。笛福在論述觀點時表現出的那種無與倫比的邏輯性和明晰的說理性，本身就已經暴露了他的身分。因為這樣的創作天賦，是任何藝術手法都無法刻意去模仿的。當代讀者可以很快就發現笛福的多面性，而他們的八卦行為也可以作為強而有力的內部證據。雖然威廉·李在引述一些笛福的新聞稿時，顯得有點急躁，他肯定也會承認一點：雖然笛福在喬治一世國王統治期間，所創作的文章數量是如此之多，但笛福創作生涯產量最高的時期，還是在他當記者的時候。對一般人來說，同時為多家報紙期刊供稿，並管理期刊社，已經讓人吃不消了。但是，笛福卻創辦了多份報紙，並擔任多份報紙的編輯與撰稿人，其中就包括了每月出版的八開本六十四頁的期刊《商業政治》、《多爾瑪新聞》週刊（笛福負責撰稿，1716年到1718年）、《白廳晚報》（三週出版一次的四開本期刊，1718年創辦）、《每日郵報》（這是一份每日出版的單頁報紙，創辦於1719年）。除此之外，《蘋果峰期刊》也與笛福有關係（在1720年，笛福開始與這份期刊合作，一直到1726年才結束）。

　　按照威廉·李的研究，笛福為這些報紙所撰寫的文章與稿件，其內容涵蓋了非常寬泛的範圍，從海盜行為到攔路搶劫，從自殺行為到耶穌的神性等。我認為威廉·李的研究做出了正

確的判斷。笛福對一位優秀作家的評判標準，是這位作家應該要懂得如何取悅與服務讀者，他必須要在創作新聞稿的時候，同時有這兩個要實現的目標。無論在《魯賓遜漂流記》、《情婦法蘭德絲》[69]，還是《家庭指導手冊》等作品裡，笛福都是這樣做的。威廉·李對笛福在各個主題層面上創作的文章進行了認定與分類，這些都可以作為內在的證據。在闡述不同主題的文章裡，笛福都展現了他對自己創作的主題有著強烈的興趣。在為他的讀者帶來閱讀樂趣的同時，他在追求文章精緻文雅方面，也沒能打破那個時代所具有的局限。在帶給讀者指引的部分，他也沒有落後於那個時代的道德與宗教思想。當我們對笛福在那個時代創作的作品與其他作家的作品進行比較，就會發現笛福的雙手「掌握著一種真正的創作藝術，懂得如何虛構一個故事，然後讓世人都相信這個故事是真實的」。關於這方面的例子，笛福列舉了《米斯特》期刊上刊登的他的一篇文章，這篇文章主要講述聖文森島被大海吞噬的故事。笛福在這篇故事裡對當時自然環境的描寫以及自然力量的闡述，充分展現了他的創作能力。不過，笛福不止一次對這份報紙上一些講述奇

---

69 《情婦法蘭德絲》（*Moll Flanders*），又譯《摩爾·法蘭德絲》，丹尼爾·笛福於 1721 年創作的小說，講述奇女子摩爾的一生。摩爾自幼由吉普賽人收養，14 歲時被一名好心的大人收留，和夫人的女兒一起讀書。同住期間，夫人的大兒子誘姦摩爾，不過摩爾最後卻與夫人的小兒子羅賓結婚。羅賓死後摩爾與一名商人再婚，但很快摩爾就跟一名船長到美國，可惜這名船長竟然是摩爾同父異母的兄弟。回到英國，摩爾先後再與發瘋的紳士、銀行職員及騙子發生戀情，並生下數名小孩。最終，摩爾決定和騙子傑米一起被流放到美國，兩人在美國重新上路，累積了不少財富，臨終前回到英國懺悔一生的罪惡。《魯賓遜漂流記》一書無女性，而這部著作專寫女性。

怪故事的文章進行潤色。無論從哪個方面來看，笛福都是新聞創作藝術方面的能手，也是一位充滿創造力的人以及組織者。正如威廉・李所說的，笛福對新聞學的研究讓他成為這方面的權威，我們現在的報紙經常說的頭條新聞以及新聞簡介，都要歸功於笛福當時的創新。因為在笛福那個時代，每一期的報紙都要談論一些多數讀者感興趣的話題，因此就需要盡可能地選擇最重要的新聞來報導。而那位創作新聞簡介的人，就是我們現在所說的「撰稿人」。

　　新聞創作的另一個特色，就算不是笛福發明的，也是笛福大力推廣的，就是《社會期刊》。在《評論》報紙上，笛福創辦的「醜聞俱樂部」專欄為讀者帶來了很多樂趣。笛福後來坦承說，這個欄目就是他專門負責的。但是，在安妮女王統治期間，政治局勢非常緊張，因此留給刊登醜聞的空間不大，因為他必須要用這個專欄去進行其他舉足輕重的政治鬥爭。不過，當漢諾威王室的繼承權得到保障之後，英國政壇暫時從白熱化的黨派鬥爭中抽身，此時民眾又需要更多有趣的八卦新聞。那麼，新聞變得不那麼注重政治性了，報紙的發行也慢慢從咖啡館、旅館以及酒館，延伸向更多類型的讀者。《蘋果峰》期刊的一位撰稿人在 1725 年寫道：「最近，很多女性都喜歡上了閱讀報紙，特別是那些對政治感興趣的女性，她們都會在茶桌上閱讀報紙。」笛福似乎也在努力將《米斯特》以及《蘋果峰》這兩份托利黨喉舌期刊，打造成適合更多追求茶餘飯後談資的大眾閱讀的讀物。這樣的變革，也符合笛福想要削減這些報紙在政治方面的影響力的目的，同時增加報紙的銷量。笛福希望將

這些代表激烈黨派鬥爭內容的媒體，變成一個專門講述國內新聞以及發表社會評論的載體，有時可以談論一些嚴肅的問題，有時也可以刊登一些輕鬆愉快的話題，但總的風格必須要是積極與充滿活力的。

在笛福創作的諸多長篇小說故事當中，包括《情婦法蘭德絲》與《傑克上校》，（Colonel Jack）都可以從他在《米斯特》以及《蘋果峰》上發表的文章裡找到一些原始的素材。為了更好地與《蘋果峰》特別地連繫起來，笛福甚至還與某些特殊人士進行通信。他採訪過被關在紐蓋特的一些臭名昭著的罪犯，然後聆聽他們講述自己的生平故事。笛福將自己收集到的部分資料刊登在《蘋果峰》上。當他刊登的這些內容受到讀者的熱烈歡迎之後，就以更為詳細的方式去進行這方面的創作，然後分別以宣傳冊的形式出版。此時，笛福已經完全掌握了如何更好吹噓自身創作的能力。我們可能會認為，沒有哪個編輯擁有像笛福那樣如此全面的能力。比方說，沒有什麼能夠阻礙笛福勇敢地將大眾的焦點轉移到他對攔路搶劫以及傑克·雪柏德的逃亡故事上。笛福似乎對這位勇敢的逃犯有著特殊的興趣。事實上，威廉·李找到了相關證據，表明笛福對夏帕德的創作，贏得了夏帕德深深的尊重。顯然，笛福也非常珍視與此人的交情。笛福還在《蘋果峰》上刊登了傑克寄來的一封信，傑克在這封信中表達了對笛福「友善的愛意」以及他個人所創作的一篇文章。但是，無論是傑克所寫的這封信還是他的這篇文章，似乎都出自一位訓練有素的义人之手。不過，為了避免大眾的懷疑，《蘋果峰》在刊登這封信的時候，署名為「出自約翰·夏

帕德之手。」接著，笛福就準備創作與傑克相關的激動人心的冒險故事。這些故事當然是傑克在獄中對笛福所說的內容，經過笛福之手進行再創作之後刊登出來，獲得了讀者熱烈的歡迎。但是，這並不是故事的全部。充滿藝術創作細胞的笛福進一步進行相關創作，表示當夏帕德來到執行死刑的地方，站在絞刑架下面時，他仍然能夠叫他的一位朋友開一輛二輪運貨馬車來，然後拿出他的一本作品，發表他臨死前的最後一篇演說。關於夏帕德臨死前狀況的紀錄，都被收錄在這份報紙裡。關於夏帕德冒險故事的闡述，充分展現了笛福當年在商業貿易中表現出來的膽識與創造力。

　　笛福為新聞報紙所做的最後一件事，就是為當時新成立的一份週刊《觀察者》（*Universal Spectator*）寫了一份計畫書。這份週刊是笛福的女婿亨利·貝克[70]在 1728 年 10 月創辦的。我們可以找到很多證據和內在的關聯，去證明這份計畫書是笛福所寫。當貝克五年後從這份報紙的編輯職位上退下來的時候，他就列舉了他在擔任編輯期間所負責刊登的文章篇目，並且還附上每一篇文章的作者名字。他的這個名單保存下來了。在這個名單上，我們可以看到第一個名字就是笛福，笛福所創作的是一份計畫書，並且寫了一篇關於成為優秀作家的基礎的入門性文章。在新聞報紙方面有著豐富經驗的笛福，顯然是希望能夠替這項工作注入更多的新鮮感。「如果這份報紙，」笛福的第一句話是這樣寫的，「並不想刊登太多的大眾性內容，那麼我們就不應該與那麼多的大眾領域的寫手們進行聯絡，因為這會影

---

70 亨利·貝克（Henry Baker, 1698-1774），英國自然學家。

響大眾的分辨能力。」在談到《觀察者》創辦的使命時，笛福表示，這份週刊應該要重現那種高級週刊文章的風格，贏得早期這類報紙應得的榮譽。在艾迪生與斯蒂爾等人之後，很多人都嘗試在新聞寫作方面實現這一目標，但都以失敗告終。他們的做法後來被刊登一些不那麼高雅的通俗文學的方式所取代。笛福本人始終都希望能夠跟著大眾潮流去走 —— 認為恢復這種大眾閱讀品味也是需要時間的。而證明《觀察者》這份週刊取得成功的一個象徵，就是該雜誌存續的時間將近二十年。這證明《觀察者》週刊始終在經典文學方面做得很好。而笛福認為，有必要去反對很多人做出的那種傲慢的對比。

「我們不要讓任何人去嫉妒我們所取的這個尊貴週刊的名字，或是說我們這樣做是傲慢無禮的，似乎我們讓世人產生了極高的期望。除非我們能夠以無與倫比的表現去達到全新的高度，否則我們就根本沒有高興的資格。當這些週刊消失之後，難道不會存在任何富有智慧與幽默的色彩嗎？難道《觀察者》週刊的精神已經全部丟失，它們所散發出來的影響已經不再影響任何人了嘛？難道他們已經說了一切所能說的話嗎？難道這個世界沒有為我們提供多樣化的選擇，或是沒有為我們提供全新的場景，因為這些都已從我們的生活中消失了嗎？還是說，他們之所以消失，是因為他們已經筋疲力盡了，再也沒有什麼要說的了？」

笛福也並不總是以尊重的口吻去談論《觀察者週刊》的一些作者。如果有人問他為什麼這些作者要離開，他可能會列舉出上文最後一句話裡提到的理由，然後對這些充滿學者氣息的

作家缺乏創作的靈感，發表一番輕蔑的言論，藉此支持自己的觀點。笛福本人就一直在進行著相關的創作，他從未感覺自己會因為靈感枯竭，甚至江郎才盡而感到困擾，他對於寫作的方式也沒有任何固定的思維。當然，他有時也會對那些在這方面表現出特殊能力的人，感到有些嫉妒。但是，笛福始終都能找到激發自己去創作的靈感，發表文章希望讀者能夠以遺憾的心情回首《米斯特》以及《蘋果峰》的庸俗，並與早先時期這些期刊的高尚進行對比，然後對這些人的閱讀習慣進行一番評論。笛福在他的廣告宣傳當中所寫的文字，就足以讓我們了解這些讀者的偏見：

「我之所以創作這篇文章，主要目的是希望能夠將你們的想法，從相互傾軋的黨派鬥爭的喧囂中走出來，因為這樣的鬥爭在這個時代一直存在著，並且顯得過分放縱了。因此，你們要重新恢復對真正卓越而崇高的作品的閱讀品味。」

「為了實現這一點，我們想要盡可能地為你們提供這方面的文章，不僅能夠讓你們的注意力從政治鬥爭中轉移過來，而且還能給你們一些教益。我們希望能夠描述一些有趣的對話，說明人們以更加友善的態度去對待彼此。」

「至於我們的管理團隊，我們是無法承諾更多的。我們只能說，至少，我們希望自己的工作可以為所有人接受，因為如果我們下定決心去做的話，就能慢慢贏得讀者的認可，雖然在這個過程中，可能會有一些讀者仍然對我們的工作感到不滿。」

「我們希望透過一種消極的方式告訴世人，我們絕對不會

參與任何爭論，不會陷入黨派鬥爭當中，不會談論任何醜聞故事，也不會以犧牲某人的利益為代價去滿足另一個人的樂趣，我們不會引發人與人之間的爭吵。雖然，我們鼓勵讀者能夠透過信件的方式與我們進行真誠的交流，但我們希望讀者能夠以善意的方式去這樣做，因為任何寄來的信件如果包含著個人的指責、干涉別人的家庭事務或是想要製造任何醜聞或是不體面的內容，都不會被刊登出來。」

「現在已經有太多報紙願意去做這樣的骯髒工作了，因此不需要再多一家報紙繼續去這樣做。在這個充滿著黨派鬥爭、政治動盪與文壇爭紛爭的時代，任何想要進行真誠創作的人，都不會淪落到無事可做的境地。而那些想要閱讀這些文章的讀者，也可以從這些作者的文章中得到樂趣。不過，正如我們之前所說的，我們的觀點與立場在上文中已經提過了。」

笛福向讀者承諾，《觀察者》這份週刊會為讀者帶來優秀的文章。這也讓笛福有時會考慮一篇優秀文章的特殊組成部分。或者說：「評價一個作者是優秀的，其標準到底是什麼？」笛福對優秀作家的定義，是值得我們在此引述的。這也可以視為笛福本人進行創作時的一個原則。

「有人說，這是一位文質彬彬的作者；另一個人則說，這是一個優秀的作者。一般來說，我們都會發現不同的讀者對一些作者的文章，都有著不同的傾向。不管我們認為他們的這些評價是否正確，他們都會按照自己的標準去評價什麼樣的作者才算是優秀的。事實上，我必須要原諒讀者在這方面所表現出來的自負。因為如果一個糟糕的作者對自己沒有很好的評價，

特別是為沒有讀者的想法能與他共鳴而感到沮喪的時候，他是根本無法去創作出任何作品的。是的，他甚至連一個字都寫不出來。因此，我們就需要他手上的筆能夠再次打磨得鋒利一些，這樣的話，他就不會在乎這方面的事情。」

「無論這份週刊將來的命運會怎樣，還是讓上天去指引它吧。我們也不應該去探究哪位作者寫的文章更好，或是哪位作者寫的文章更差。我想要舉出一個特殊的標準。透過這個標準，你們能夠以客觀的眼光去評判，哪些作者才算得上是優秀的作者，而哪些作者算不上是優秀的作者。總而言之，一個優秀作者的品格，是無論他透過什麼平臺發表文章，都可以從這點看出來：他所創作的文章，同時能夠讓我們感到娛樂，又能帶給我們一些實際的幫助。」

「如果一個作者只是單純地想取悅讀者，而不是想著為讀者提供有用的東西，那麼他就是一個純粹的諂媚者與虛偽之人。如果一個作者只是單純地對讀者說教，卻不想著去取悅他們，那麼他就會變成一個憤世嫉俗之人與諷刺主義者。前一類的作者會陷入一種圓滑的錯誤當中，而後一類的作者則會陷入醜聞纏身的境地。當然，後一類作者可能會為這個社會帶來一些好處，雖然這些好處可以說是微乎其微的。但是，第一類作者卻根本沒有為這個社會帶來任何好處，反而帶來了不少壞處。後一類的作者能夠激起你內心的憤怒，而前一類作者則會激發你的驕傲情緒。簡而言之，閱讀這兩類作者的文章，對讀者來說都是弊大於利的。但是，那些想要成為真正有用的作者，想要為讀者服務的作者，並且還想著以一種讓讀者察覺不

到的藝術去取悅讀者的作者，才是我們真正需要的作者。這樣的作者能夠以最為樸實的文字去闡述真理，能夠以讚美的方式去表達美德。這樣的作者甚至會對那種以沉悶方式去進行諷刺的行為感到不滿。這樣的作者總是能在不知不覺當中獲得你的好感。因為這些作者的文章能夠贏得你的尊重。事實上，這樣的作者始終會贏得所有讀者的尊重。」

「這就是我對一個優秀作者的部分定義。我之所以認為，這只是部分的定義，是因為在半頁紙的內容裡，我是無法將一個優秀作者的全部定義說完的。即便是長篇大論地進行專門闡述，也是很難將優秀作者的全部定義完整地予以界定。優秀作者所擁有的名聲需要一個優秀的讀者給予恰當的讚美。出於這個理由（這也是一個很好的理由），我不會繼續談論這方面的事情了。」

第九章
笛福的小說創作在他人生中的位置

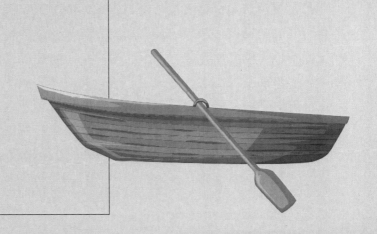

第九章 笛福的小說創作在他人生中的位置

　　我知道，不少讀者只是將笛福視為一位創作了不少老少咸宜的小說故事的作家，因此當他們看我這部笛福的傳記，竟然以如此少的篇幅去談論笛福在這方面的成就時，請千萬不要感到驚訝。毫無疑問，笛福聞名於世的主要原因，就在於他是《魯賓遜漂流記》一書的作者。但是，關於笛福創作這本小說作品或是其他小說故事方面的事情，我們其實沒有什麼好說的。笛福創作的藝術技巧是簡樸、獨特且難以言說的，而他的這部作品實在是太著名了，因此我們也不需要過度闡述。另一方面，關於笛福人生的很多事情都是讀者們所不了解的，卻對我們了解笛福這個人有著重要的關聯。除此之外，我們也需要知道，小說創作在笛福一生的文學創作中所占據的地位。在笛福去世之後的數百年或是上千年，後人可能都忘記了笛福的名字，但肯定不會忘記《魯賓遜漂流記》這部作品。對笛福的同時代人來說，笛福出版這部作品，只是他的文學生涯中的一段小小插曲，只是這部作品在笛福在世的時候就已經吸引了不少讀者的興趣，那個時代的讀者更加喜歡閱讀充滿想像力的文學作品。笛福會為小孩子創作最具幻想性的作品，因為他本人就是一個內心簡單、淳樸、坦率與純真的人。關於笛福的這些性情，不止一個文學歷史學家進行過總結了。在笛福同時代的人看來，笛福呈現出來的形象可不是這樣的。當我們真正了解了笛福的生平以及他所做過的事情之後，就會發現這並不能代表笛福的真實形象。除非我們知道笛福喜歡像一個孩子那樣，拿著手上的武器，在英國歷史上這段充滿著最多陰謀詭計的時代，成為那個最狡猾的陰謀者。

從本質上來說，笛福只是一個新聞寫手。他創作了評論那個時代的時事文章，談論著那個時代裡，民眾最關心的事情。笛福總是能夠準確地評判輿論的風向，然後借助這樣的風向，讓自己那一艘裝滿著有用貨物的船隻能夠順利起航，然後按照風向的改變，隨時調整自己的航向。如果迪克伯恩案的審判發生在他那個時代，我們肯定會看到笛福用敘述歷史的精確手法，將湯瑪斯·卡斯楚這位被後人稱為羅傑爵士的童年，以及日後引人入勝的冒險故事全部都寫出來。這樣的敘述肯定會被當成一個真實的紀錄流傳下來。也許，波特蘭監獄裡的專職牧師會從犯人的口中聽到這樣的故事。要是笛福對此進行一番創作的話，那麼他的作品肯定會充滿著真實性。他肯定會列舉很多值得信任的目擊證人的證據，讓後世之人根本無法對他的說法進行任何質疑。笛福始終都在創作人眾讀者想要閱讀的內容。在他的全部作品裡，除了少數一些作品是可以進行文學歸類的之外，其餘的作品都是按照那個時代的局勢發展而專門創作的。每當一個重要人物去世了，或是發生了一些引發大眾關注的事情，不管這些事情是否是那些著名人士做的，無論這涉及到政客、犯人或是神職人員，笛福都會立即想辦法去創作一篇簡短的人物介紹。笛福正是在緊急的時刻，才創作出了關於查理十二、彼得大帝、派特庫爾伯爵[71]、什魯斯伯里公

---

71 派特庫爾伯爵（Johann Patkul, 1660-1707），瑞典伯爵、政治家。

爵[72]、德·格爾茨男爵[73]、丹尼爾·威廉姆斯牧師[74]、海盜之王埃弗里船長[75]、多米尼克·布吉尼翁[76]、羅布·羅伊[77]、喬納森·懷爾德[78]、傑克·雪柏德[79]、鄧肯·坎貝爾等人的備忘錄。當牛津

---

72 什魯斯伯里公爵（Charles Talbot, 1st Duke of Shrewsbury, 1660-1718），英國政治家。

73 德·格爾茨男爵（Baron de Goertz, 1668-1719），瑞典外交官。

74 丹尼爾·威廉姆斯牧師（Daniel Williams, 1643-1716），英國神學家、牧師。

75 埃弗里船長（Captain Avery, 1653-1699），原名約翰·埃弗里，出生於英國的普利茅斯，是一位著名海盜。埃弗里在加勒比海一帶與其他海盜結成聯盟。1695 年，埃弗里與其他海盜襲擊了莫臥兒王朝的船隻，奪去了巨額財寶，莫臥兒王朝向英國施壓，英國發出通緝令通緝埃弗里，但埃弗里得到巴哈馬總督的庇護。後來，埃弗里出航到愛爾蘭，英國海軍聞風趕到，捕捉了埃弗里的同黨，但埃弗里已經消聲匿跡，自此再沒有任何埃弗里的蹤影，埃弗里成為少數最終能逃過絞刑的海盜。

76 多米尼克·布吉尼翁（Dominique Cartouche, 1693-1721），法國傳說中的綠林好漢，專門劫富濟貧。

77 羅布·羅伊（Rob Roy），全名羅伯特·羅伊·麥克格雷格（Robert Roy Mac-Gregor, 1671-1734），著名的蘇格蘭高地歹徒。也被譽為蘇格蘭的羅賓漢。1712 年開始打家劫舍，1722 年被捕，晚年加入天主教。在華特·司各特的小說《羅布·羅伊》小說中有對其生平描述。

78 喬納森·懷爾德（Jonathan Wild, 1683-1725），18 世紀倫敦——甚至是英國最有名的罪犯。他的竊盜能力讓他控制了那個年代最成功的一群流氓。他控制了出版業，再加上社會的恐懼，使他成為 1720 年代民眾最愛戴的人物。可惜當其罪惡被揭發時，民眾的愛變成了對他的仇恨。他死後，成為了貪汙和偽善的符號。

79 傑克·雪柏德（Jack Sheppard, 1702-1724），倫敦 18 世紀早期惡名昭彰的英國強盜、破門盜竊者與小偷。雪柏德生於窮苦人家，跟著木匠做學徒，但於 1723 年，離訓練完成僅剩一年多之際，犯下了竊盜與搶劫案。他在 1724 年被拘捕並監禁了五次，但成功逃獄四次，讓他成了人盡皆知的公眾人物，而在低下階層大受歡迎。最後，雪柏德遭到逮捕、定罪，於泰伯恩

伯爵因為叛國罪而接受審判的日期定下來之後，笛福馬上發表了一本名為《與梅斯納格先生祕密談判備忘錄》的宣傳冊。笛福創作的《大疫年紀事》於 1721 在法國出版，這本書在英國出版的時候，就引發了很多讀者的恐慌。充滿創造性思維的笛福之所以會萌生出要創作《魯賓遜漂流記》這本書，就源於他對亞歷山大·塞爾科克 [80] 真實冒險的紀錄。塞爾科克在胡安·費爾南德斯群島 [81] 的一個小島上孤獨地生活了四年時間。這件事在安妮女王統治時期引發了一場轟動。當時的笛福正忙著政治方面的事情，因此沒有時間去將這件事情寫下來。1719 年，當講述關於海盜在遙遠島嶼探險的故事激發了讀者的閱讀興趣之後，笛福才開始回想起這件事情。笛福創作了《辛格爾頓船長》（Captain Singleton），講述了辛格爾頓在馬達加斯加海岸邊登陸，然後從東非一直穿越到西非，經過尼羅河流域，與埃弗里船長一起探險的故事。笛福創作這本書，就是為了滿足當時讀者閱讀的需求。笛福創作的《情婦法蘭德絲》以及《羅珊娜》

處以絞刑，結束了他兩年不到的短暫犯罪生涯。

80 亞歷山大·塞爾科克（Alexander Selkirk, 1676-1721），蘇格蘭水手，有著豐富的導航經驗，是《魯賓遜漂流記》主角魯賓遜·克魯索的原型。從 1704 年 9 月到 1709 年 2 月，塞爾科克被留在了荒無人煙的胡安·費爾南德斯群島的一個小島上，這個小島距離智利西海岸超過 400 英里。1713 年，塞爾科克發表了一篇講述自己冒險經歷的短文。許多人認為丹尼爾·笛福在創作《魯賓遜漂流記》的過程中，借鑒了塞爾科克的這段經歷。

81 胡安·費爾南德斯群島（Archipiélago Juan Fernández），南太平洋上的一個火山島群島。由魯賓遜克魯索島、馬斯阿富埃拉島和聖克拉拉島 3 島組成。胡安·費爾南德斯群島的名稱來自探險家胡安·費爾南德斯。該群島也是名作《魯賓遜漂流記》的故事原型發生地。

（*Roxana*）都是屬於這種類型的小說。對笛福來說，創作這樣的小說故事，就好比娓娓道來地闡述一個有趣的奇聞軼事。笛福發現，這樣的小說故事，會讓不同時代從事不同工作的人都相當感興趣。但是，我們也可以看到，笛福將自己的創作素材歸結為很多人的口述以及當時發生的一些事情。笛福將他的《社會期刊》作為考驗讀者市場的一個試驗場。

　　在笛福接下來的創作生涯裡，我們始終可以看到，他是一個有著商業頭腦的人，用一雙精明的眼睛審視著當時的讀者需求，然後據此進行創作。他鄙視任何為了單純的藝術創作而進行創作的理念，雖然他與當時其他從事創作的人一樣，都希望能夠獲得永恆的名譽，就好比托馬斯·富勒[82]一樣。笛福坦率地承認，他「進行創作，就是為了以一種誠實的方式讓自己獲得利益」。笛福表示，難道任何人做任何事情，不都懷著為自己利益的目的嗎？每當他認為某方面的創作能夠帶來一些利益，就會不知疲倦地進行創作，將不同形狀的「礦石」進行打磨，然後吸引不同類型的購買者。笛福創作的《魯賓遜漂流記》在出版的時候引發了一場轟動。之後，笛福馬上用心創作了這個故事的續集。1706 年，笛福發現大眾讀者對那些講述超自然的故事有著特殊的愛好。為此，他創作了一個名為《維爾女士所看到的幽靈的真實關係》（*True Relation of the Apparition of one*

---

82 托馬斯·富勒（Thomas Fuller, 1608-1661），英格蘭歷史學家、作家、布道師，寫有許多歷史著作，代表作：《英格蘭名人傳》（*History of the Worthies of England*）、《神聖之國》（*The Holy State and the Prophane State*）、《安德羅斯庫》（*Andronicus*）、《不列顛教會史》（*Church-History of Britain*）等。

Mrs. Veal）[83]。1720 年，當他開始創作受人歡迎的算命先生鄧肯‧坎貝爾的人生故事時 —— 他充分發揮了自己的創造才能，以最為虔誠的方式去將一些最不可信的事實都堆積起來，使之變得真實可信 —— 這次的創作讓笛福再次明白，大眾讀者對這樣的傳奇故事充滿了強烈的閱讀興趣。接著，笛福按照這樣的創作思路，創作了《魔術的系統 —— 一種黑色藝術的歷史》、《顯露的無形世界的祕密 —— 一個充滿幽靈的世界歷史》以及他用幽默的手法創作的《魔鬼的歷史》（The Political History of the Devil）。在《魔鬼的歷史》這本書裡，他將這與《失樂園》（Paradise Lost）連繫起來。艾迪生[84]在笛福的《觀察者》上讀到了這方面的內容，然後進行了激烈的批判。笛福曾以書籍或是宣傳冊的形式談論了僕人行為方面的事情。當他以更加正式的方式創作了《家庭指導手冊》、《英國商業計畫》、《英國商人全集》以及《英國紳士全集》（笛福沒有完成這本書，也沒有出版）的時候，他始終都在關注著當時讀者最喜歡閱讀的書籍類型。

---

83 威廉‧李先生在進行一番研究之後，發現笛福創作這些神祕故事的動機，就是為了促進德林考特（Charles Drelincourt, 1595-1669）所創作的一本名為《死亡的恐懼》（The Apparition）書籍的銷量。在這本書裡，維爾女士的鬼魂懇求她的朋友們能夠認真閱讀。這是笛福首次單獨以宣傳冊的形式出版這本書，而絲毫沒有提到德林考特。直到笛福的這本書印刷四次之後，德林考特的那本書才進入了出版流程。除此之外，德林考特那書的銷量，也沒有因為笛福這本宣傳冊的大獲成功而有任何明顯的成長。

84 艾迪生（Joseph Addison, 1672-1719），英國散文家、詩人、劇作家以及政治家。艾迪生的名字在文學史上常常與他的好朋友理察‧斯蒂爾（Richard Steele, 1672-1729）一起被提起，兩人最重要的貢獻是創辦兩份著名的雜誌《閒談者》（The Tatler）與《旁觀者》（The Spectator）。

第九章　笛福的小說創作在他人生中的位置

　　因此，笛福在一般性文學創作過程中，很自然地會轉向小說創作。從這方面來看，這與笛福在其他方面的文學創作是沒有什麼特殊之處的。笛福在這方面的所有創作，包括他的傑作《魯賓遜漂流記》以及查理斯·蘭姆[85]稱之為「二流小說」的《辛格爾頓船長》、《傑克上校》、《情婦法蘭德絲》及《羅珊娜》等作品，都是笛福為了迎合當時的讀者需求，而收集資料去創作出來的。可以說，笛福的這些小說，唯一的新穎之處，就在於他準備這些素材的模式。從以真實名字去創作傳記文學，到以虛構的筆名去進行創作，這只需要邁出簡單的一步。有時，笛福會被後人稱為現實主義小說的開山始祖。也許，若是按照現實主義的準確定義去看的話，笛福的這些小說可以說是現實主義的傳記。若是我們對笛福公開承認紀錄的事實的方式，就會發現，笛福從一開始就想著要創作關於想像性英雄生活的作品，因此他肯定不會對「偽造故事或是強加一些現實真理給他們」的做法感到滿意的，笛福不希望這些在現實生活中有原型的人物在小說故事裡，表現出一種非現實的狀態。在那個時代，使用新聞報導的一些素材去進行那種創作，是不需要有什麼顧忌或是法律限制的，不像現在這樣，需要嚴格遵守一定的程序。事實上，大眾本身對這方面的新聞是並不滿意的，因為大眾想要了解這方面更加詳細的內容。當時的新聞報紙並沒有在世界各地派駐通訊員，無法讓他們的報紙詳細地報導某些記者所看到或是聽到的事情。此時，大眾已經習慣了從報紙、週

---

85 查理斯·蘭姆（Charles Lamb, 1775-1834），英國詩人、散文家、作家。代表作：《伊利亞隨筆》（*Essays of Elia*）、《莎士比亞戲劇故事集》（*Tales from Shakespeare*）等。

刊或是一些書籍與宣傳冊上，去獲得與時事相關的消息。這是大眾在缺乏獲取資訊的充分管道時，去了解最真實資訊的唯一辦法。在這樣的環境下，很多文學創作者去虛構或是修飾這些故事的衝動，肯定會變得難以遏制了。「什麼，」那個時代的一位作者說，「如果我們的報紙只能說出事實真相的話，那麼我們就無法提供任何新聞給你們了。我們只能盡可能給你們所能找到的資訊。」儘管如此，當時的大眾與現在的大眾一樣，想要了解的是事情的真相，而不是虛假的謊言。因此，這就讓證實這些報導的真實性變得尤為重要了。在當時，沒有誰比笛福更加勇敢地站出來譴責那些缺乏原則的新聞作者，也沒有哪一位新聞作者能夠像笛福那樣，勇於保證自己所發表的文章的真實性。當一則新聞傳到英國，說聖文森島[86]已經被大海所淹沒，笛福馬上對這場災難進行了詳細的描述，表示這是「自上帝創造世界以來，或者說是自從大洪水以來，人類最遭受的一場最嚴重的災難」。笛福透過下面的描述來為自己報導的真實性打包票：

「我們對這件事的描述，源自多方面的人手與生活在不同地方的人傳來的資訊，否則我們無法在這篇文章裡，如此詳細地描述發生在不同地方的事情。當我們完成了這些工作之後，或是想要去創作這方面的文章時，我們知道倘若單純地列舉出一個訊息源，這肯定會讓整個故事遭到讀者的質疑，世人也無

---

86 聖文森島（Saint Vincent），聖文森及格瑞那丁群島的火山島，位於加勒比海，屬於向風群島的一部分，長29公里、寬18公里，面積345平方公里，最高點海拔高度1,233公尺。

第九章　笛福的小說創作在他人生中的位置

法真正了解到真實的資訊。因此，我們認為有必要以一種合集的方式去闡述這件讓人震驚的事情，盡可能以最詳細的資料去將這件事情描述出來。在我們敘述結尾的地方，我們會對出現這場可怕自然災難的原因進行合理的猜測。」

笛福就是列舉出多方面的訊息源頭，將這些訊息源頭寫在宣傳冊或是書籍裡面，來為自己報導的真實性作保證。當然，笛福知道，他所列舉出來的訊息源都是自己虛構出來的，但他也知道，大眾讀者對這些事情的關注度很快就會消失的。威廉·李將《查理十二的戰爭歷史》（*The History of the Wars of Charles XII*）這本宣傳冊的作者說成是笛福，表示「這是一位為瑞典服務的蘇格蘭紳士所創作的」。而對派特庫爾伯爵的人生與死亡進行簡短的描述，這是「那位在派特庫爾伯爵人生的最後階段，幫助過他的路德派牧師所創作的，這位牧師還按照高地荷蘭語的手稿進行了一番忠實的翻譯」。關於梅斯納格的細節談判內容，則是「由他本人所創作的」，並且是「在法國完成的」。笛福知道，如果大眾認為這些事情都是真實的，他們會懷著更為強烈的欲望進行閱讀，因此，笛福就將這些宣傳冊或是書籍的作者，寫成是具有一定地位的人，從而贏得讀者的信任。毫無疑問，笛福那豐富的想像力，並不是單純用在書名上的。不過，既然笛福有那麼多著名人物可以作為他創作的主題，並且熟悉那麼多大眾感到好奇的人，他卻反而去創作那些虛構的英雄與女英雄的冒險故事呢？我們只能認為，笛福是想要在純粹的文學創作中擁有更大的自由。笛福創作了《魯賓遜漂流記》這本充滿冒險故事的小說，這本小說取得了巨大

的成功。接著，他繼續重複創作這種類型的小說故事。不過，在《魯賓遜漂流記》一書取得成功之後，他也完全沒有理由放棄過去的創作領域。正是在完成了《魯賓遜漂流記》之後，笛福開始創作當時惡名昭著的小偷與海盜的傳記故事。在笛福對真實或是虛構的英雄事蹟的紀錄當中，始終使用著相同的方式去確保故事的真實性。在這方面的創作中，笛福理所當然地認為，讀者首先會提出的問題是，這個故事本身是否真實。我們必須要記住一點，當時的小說創作仍處在初期階段。正如我們所看到的，笛福要是想不到任何好的理由去證明這些故事的真實性，那麼他的讀者可能就會認為笛福只是純粹在說一個有趣的故事而已。

為了能夠創作出滿足那個時代讀者閱讀需求的作品，笛福找到了創作出能夠保證讀者感到愉悅的穩妥方法。不過，如果他從未創作過《魯賓遜漂流記》，那麼笛福在目前的英國文學歷史上，肯定是一個不起眼的角色。正如笛福曾幽默地說，他「那簡樸的創作手法具有天生不足的特性」，這些作品可能只會吸引一些懵懂的人去閱讀，但肯定很快就會被世人所遺忘。但是，笛福與那些受人尊重的作家們形成的行業協會為敵，反對他們的創作。而這些作家協會的人則將笛福貶低為一個沒有文化的傢伙，一個庸俗的文學商販，對笛福極盡鄙視之能事。當然，笛福也總是嘲諷這些人有著偽裝出來的高尚。但是，笛福這樣的反駁聲，很快就會被洶湧的斥責浪潮所淹沒，因為那幫人聯合起來，對他進行持續的攻擊。可以說，笛福創作的大部分作品都沒有受到當時著名人士的讚美，而是被很多人視為都

第九章　笛福的小說創作在他人生中的位置

是一些隨波逐流的作品。無論笛福創作出什麼作品,都會遭受這些人強烈的鄙視或是冷漠的對待。可以說,《魯賓遜漂流記》是笛福唯一的救生衣。

要是我們認為笛福創作的《魯賓遜漂流記》一書所具有的生命力,完全只是一個幸運的巧合,同時認為他的其他作品也應該有相同的生命力,那麼我們就錯了。《魯賓遜漂流記》之所以具有如此長久的生命力,因為這本書本身具有長盛不衰的魅力,因為這本書設置的場景是超越了人類所生活的時空,並且在一個與世隔絕的環境下存在。在笛福創作的眾多小說故事裡,這是唯一一本能夠展現出笛福擁有藝術家才能的作品。我們可能聽其他人說,笛福是一位有著偉大天賦的藝術家。在此,我們可能已經明白,笛福創作出來的作品就是他自身天賦的最好證明。他的《情婦法蘭德絲》在某些方面甚至是一部比《魯賓遜漂流記》更加優秀的作品。摩爾這個人物的形象比那個來自約克郡的頭腦簡單、思想開放的水手魯賓遜更加複雜。可以說,摩爾是一個有著個人能力、衝動、自私以及慷慨精神的人 —— 她是一個徹底墮落的女人,而她之所以墮落,完全是由於環境的影響所導致的。當我們認真研究到底是什麼讓她變成一個善於利用人性弱點、懂得策劃老謀深算的陰謀,以及各種讓她失去慷慨本能的自私想法的人之後,就會對她表現出來的那種魔鬼般的勇氣、無法控制的恐慌情感以及對自身行為的幽默感有所感觸,會對她無論取得成功還是失敗,都同樣報以哈哈大笑。笛福所刻劃的這個人物形象已經超過了單純的行動本身,刻劃出了一個比魯賓遜更加深刻的人物形象。事實上,

這是一本讓人產生排斥情感的作品，但這並不是這本書相對不為人知的唯一原因，現在幾乎被世人所完全遺忘了。事實上，這本書描述人物為了生存而掙扎，在結構層面上並沒有做得更好。任何作品要是沒有一個堅固的結構，也沒有一個無法消逝的核心人生原則，那麼這樣的作品肯定會被世人所遺忘的。任何優秀的作品必然要有一個主角以及配角，這些配角必須要以合理的方式去襯托出主角的形象，否則主角的形象就有可能被配角的光芒所掩蓋。要是我們拿《情婦法蘭德絲》與《魯賓遜漂流記》進行比較，就會發現《情婦法蘭德絲》只是將一系列有趣的事情集合起來，這可以說是最低級的小說創作結構了。雖然這本書的內容是相對新穎有趣的，但這不足以讓其與其他書籍展開強而有力的競爭，從而吸引世人的注意。事實上，我們也找不到出於任何獨特的創造性目標，去將這些故事串聯起來。這些故事的內容也許是零碎的，但每一個故事本身卻是非常有趣的。女主角道德逐漸崩塌的過程，就是這本書的核心內容。這樣的核心思想，對於從事文學藝術創作的人來說實在是太單薄了，而笛福在很多層面上表現出來的點，都是在缺乏成型的體系下去做的。但在《魯賓遜漂流記》一書裡，我們卻能感受到笛福那充滿智慧的藝術才華，感受到笛福在構思這個故事的時候，是有一個核心的思想，那就是講述一個人漂流島一座荒島之後，無法依靠任何人的幫助或是建議，只能自力更生。這樣主題的作品，只要人類生活的不確定性仍然存在，那就依然擁有生命的活力。

笛福的《魯賓遜漂流記》一書的靈感，源於亞歷山大·塞爾

科克在一座荒島上獨自生活數年時間的經歷。當時，這件事引發了不小的轟動，但很多作者都是以一種漫不經心的態度去看待這件事。直到這件事最後深深刻在笛福的腦海裡，讓他充分發揮自己的文學潛能去進行創作。在那個時代，笛福也許是唯一一個置身於荒島上，卻不會感到驚慌的人。對笛福來說，充分發揮自己的想像力去設計故事的情節，不是一件非常困難的事情，但這樣的想像力對任何作家來說都是非常罕見的才華。相對於單純構思一個置身於這樣場景下的人應該怎麼做，以更加真實的方式去呈現出這一切，顯然更考驗創作者的功力。除此之外，笛福必須要刻劃出魯賓遜在島上經歷不期而遇的各種事情時感到的困惑，而這樣的困惑與權宜的解決辦法，都必須要是真實與充滿生命力的。當我們講述這個故事情節的時候，也不會覺得書中的內容有任何的突兀之處。不管那件真實發生的事情帶給他多大的靈感，想要創作出這本傑作，都需要一種必不可少的天賦，這種天賦就是按照情景去設置情節的天賦 —— 這是一種非常高等的天賦，也許這與其他智慧層面上的奇跡都是一樣罕見的 [87]。

笛福在創作《魯賓遜漂流記》一書的時候，已經五十八歲了。如果說創作出這個讓人信服的故事情節就已經是創作藝術的偉大祕密的話，那麼假如我們知道這是笛福第一次進行這方面的創作時，肯定會感到無比的驚訝。特別是笛福竟然是在如

---

[87] 在我看來，萊斯利·史蒂芬（Leslie Stephen, 1832-1904，英國作家、批評家、歷史學家、傳記作者和登山家。是維吉尼亞·吳爾芙和瓦妮莎·貝爾的父親）先生在他所寫的關於笛福的《圖書館的數小時》（*Hours in a library*）的評論文章裡，似乎低估了笛福的這種天賦。

此大的年齡時去進行創作，更是會覺得不可思議。當我們觀察任何一位在某方面有著特殊成就的人，一般都會發現此人一輩子都在做著相同的一件事。要是我們說笛福在這方面有著特殊的天賦，這就意味著他之前已經為此進行了諸多的訓練，並且將他的主要精力都投入其中。然後，他就是純粹受到身體本能的驅使去做。事實上，笛福這種根據情景去進行創造發明的能力，以及他在「以虛構去代替真實」方面的能力，都是經過長時間的訓練而培養出來的。多年來，寫作就一直是笛福的主要工作。從他第一次與哈利產生連繫以來，他就透過新聞報紙的方式面向國民發表自己的觀點與立場，並且透過出版宣傳冊的方式，虛構出了很多人物去表達自己的觀點。笛福第一次發表這方面的文章，是在 1704 年。當時，他剛剛出獄，準備為政府服務。當時的他希望能夠得到政府的憐憫，因為他之前的行為讓政府感到不滿。此時，笛福充分發揮自己的寫作天賦，創作了很多讓政府感到滿意的文章。在笛福的《評論》報紙上，有很多文章都是笛福根據當時的政治環境而創作出來的。而在為政府從事了十年祕密工作的這一事實，以及很多人不相信他的大背景下，笛福仍然能夠在為托利黨服務了十年之後，繼續為輝格黨的政府服務，這就證明了現實生活中的笛福，所具有的那種創造性說服能力，要比他在小說中的創造性能力更加厲害。

　　若是我們研究一下笛福的私生活，就不難理解他特別享受解決在創作《魯賓遜漂流記》一書時遇到的各種困難。事實上，笛福之前度過的人生就是一種充滿風險的人生，經常會處

第九章　笛福的小說創作在他人生中的位置

在懸崖邊，而他似乎總是能夠以旺盛的精力，以一種神奇的方式去將自己從毀滅中拯救出來。正如笛福在一份懇求得到憐憫的外交辭令裡所說的：

「從未有人像我這樣，曾經歷過十三次的人生坎坷，

這一切都與我是富有或是貧窮沒有任何關係。」

不過，當笛福創作《魯賓遜漂流記》的時候，其實是他人生中為數不多能夠真正把握的機會。對他來說，這也不是一個無法真正實現願望的機會，因為他感覺自己真的就像置身於一個荒無人煙的島嶼上。我們可以從他寫給德拉·法耶的信件裡，看到笛福當時多麼害怕政府以他在從事祕密工作犯錯為理由，對他進行懲罰。笛福深知，執政黨的更替，很可能會讓他處於一個遭人懷疑的境地。笛福知道，只要他稍微走錯一步，或是說出一句讓人誤解的話，那麼他就有可能遭遇滅頂之災。如果政府因為他寫了任何冒犯的文章而對他進行迫害，拒絕承認他的文章是為了取悅托利黨，那麼他很容易就會遭受刑罰。笛福在新聞界已經有太多的敵人了，因此當他遭受政府迫害的時候，肯定不會有人為他發聲。任何人都不會出面干預，去拯救政府的一位間諜。當笛福審視著自己未知的命運時，他感覺到發生在新印度群島的船難，對他來說彷彿咫尺之遙而已。因此，他的心智已經做好了面對最危險境地的準備。當他在《情婦法蘭德絲》一書裡寫到摩爾以及她的丈夫列舉出他們在外國重新開始生活所需要的東西時，或是當他寫到傑克上校管理維吉尼亞種植園的時候，就可以發現這樣的主題始終喚起他的好奇心。當他充分發揮想像力去描述魯賓遜的命運時，他其實就

是在思考著自己的命運之輪到底會轉向何方。

　　不管是什麼讓笛福的腦海裡萌生了要創作《魯賓遜漂流記》一書的念頭，笛福都是以藝術家的姿態去進行創作。笛福是一個在創作過程中容易受到個人情感影響的人，因此他在描述魯賓遜這位水手的情感方面顯得尤為細緻與詳細，將魯賓遜在面臨各種不同艱難環境的畫面都生動地呈現出來。笛福在這本書展現出來的情感，要超越他時刻變化的情緒，讓我們對那位置身於荒島之中，面臨絕境的魯賓遜產生一種憐憫與傷感的情緒。事實上，笛福創作這本書是想要表達另一種思想。他所刻劃的魯賓遜這個人物形象，並不是一個喜歡沉浸在悲傷當中的人。如果魯賓遜置身於荒島之上，選擇自暴自棄，那麼他的人生就完蛋了。也許，笛福從來沒有想過運用自己豐富的想像力去表現出一種為船難受害者的憐憫之心。至少在這本書裡，笛福沒有展現出這方面的事實。但是，如果他讓魯賓遜做出哀嘆自己命運的事情，或是沉浸在自身的恐懼情感當中，或是用奧西恩的誇張風格去表現出他對失去朋友與同伴的傷心之情，那麼笛福肯定會毀掉這個人物形象的合理性。在荒島上的魯賓遜有過感到恐慌與沮喪的時刻，但這些恐慌與沮喪的時刻並沒有長時間占據他的心靈。毫無疑問，笛福在創作的時候，始終遵循著個人的自然天賦。與此同時，笛福將魯賓遜對過去美好的回憶局限在一個很小的範圍，然後努力讓他從這樣惡劣的環境中抽身出來，的確是展現出了他的藝術創作能力。這樣的創作主題讓他感到著迷，他有足夠的能力去構思魯賓遜在那樣的場景下可能遇到的事情，正如他在創作其他小說故事時一樣。

第九章　笛福的小說創作在他人生中的位置

《魯賓遜漂流記》一書裡的那些有趣的章節，會讓讀者感受到這個故事的真實性。

不過，當充滿創造力的笛福以藝術的手法完成了這個故事的創作之後，讓我們感受到魯賓遜在這個過程中感受到的焦慮不安，做出的各種努力，展現出魯賓遜戰勝了各種困難，想盡一切辦法與外面的世界產生連繫。作為文學創作領域內的「商人」，笛福是絕對不可能讓魯賓遜在那座荒島上終老的。《魯賓遜漂流記》作為一部藝術作品，最終以魯賓遜離開了那座小島結束，或者說以他重返英國作為最後的結局。在笛福看來，只有這樣，此書的創作才是具有完整的統一性。在《魯賓遜漂流記》一書出版之後，馬上受到讀者的熱烈歡迎。有著敏銳商業嗅覺的笛福，馬上意識到自己可以大賺一筆。笛福根本不在乎那些對他冷嘲熱諷的評論家。這些評論家表示，笛福的這本書在故事闡述方面是表裡不一的。他們甚至還舉出了一些例子，說魯賓遜遭遇船難的時候，怎麼可能在穿著一件裝滿了餅乾的衣服的情況下，游到那座小島上的呢？當魯賓遜擁有了那艘船上的物品之後，他又怎麼可能會因為他的那件衣服被海浪沖走而感到沮喪呢？在一個伸手不見五指的黑暗山洞裡，魯賓遜是怎麼看到那隻山羊的眼睛呢？那些西班牙人又怎麼可能會同意讓星期五的父親去寫字呢？因為他們當時既沒有紙又沒有墨水。星期五怎麼可能那麼快就熟悉黑熊的生活習慣，並且知道西印度群島上沒有黑熊的存在呢？在提出了這些關於瑣碎問題的質疑之後，一位評論家表示，笛福的這本書純粹是為了滿足那些烏合之眾的閱讀興趣而創作的，在任何理智的讀者眼中都

是無比荒誕的，並表示「只有那些底層的低俗之人才會對這本毫無藝術價值的書感興趣」。我們可以想像，笛福並不會因為受到這些非難而有任何的動搖，因為大眾讀者對這本書的需求持續高漲。笛福在這本書再版的時候，修正了一兩處不精確的細節，接著去創作這本書的續集。笛福創作的續集是關於魯賓遜在冒險期間所進行的嚴肅的反思。可以說，笛福之所以要進行續集的創作，完全是出於商業利益的驅動。笛福的這部續集在那個時候也同樣賣得很好。但是，那些想要透過閱讀續集來跟隨魯賓遜再次前往那座島嶼的讀者，都會一致認為，這個續集的水準要遠遠低於第一本。現在，幾乎沒有人會閱讀笛福創作的這本續集《嚴肅的反思》。

不過，《嚴肅的反思》這部作品因為與笛福的個人經歷存在著非常密切的關係，因此也是值得笛福的研究者去讀一讀的。在這部續集的前言裡，笛福表示，《魯賓遜漂流記》只是一個寓言故事。在其中的一個章節裡，笛福解釋了為什麼這是一個寓言故事。笛福表示，他之所以對此進行解釋，就是想要反駁那些信口雌黃的人。笛福表示，他進行這樣的解釋，就為了告訴世人，他創作這本書的本意絕對不是要說謊，也從來沒有為了實現任何邪惡的目標而故意製造謬誤。在笛福看來，他在創作過程中，絕對沒有犯下這方面的錯誤。但是，他有責任去譴責犯下的一些小錯誤，比如說創作了一個只是為了愉悅大眾讀者的故事給他們。「這是一個我虛構出來的故事，」笛福說，「這當然是犯下了一種具有嚴重醜聞性質的罪惡，但是這本身其實是沒有什麼關係的。這樣的欺騙只是在我們的內心世界裡

第九章　笛福的小說創作在他人生中的位置

留下一個洞，之後我們就會養成說謊的習慣。這樣的人肯定會認為，別人所說的一切都是虛假的，認為別人說的一切都是瑣碎的，或是認為一切事情都是無足輕重的，而根本不去想辦法分辨這些故事本身是真實還是虛假的。」在笛福看來，很多人都在良知的巨大代價下去追求真理，然後卻對真理做出不敬的行為，這是心靈多麼空虛的表現啊。在笛福看來，這樣所謂的「犯罪」完全是沒有任何目標性的。事實上，我們都可以說，任何一個說謊的人，都是希望能夠從說謊的行為中得到一些好處。但是，倘若我們為了娛樂性而去說謊，這就好比在你的靈魂世界裡踢毽子，讓你的良知背負沉重的負擔，讓你變成一個傻瓜。「我應該以怎樣的心態去對這些人說話呢？我該說些什麼，才能將這些人的卑鄙無恥嘴臉展現出來呢？」當笛福對這些吹毛求疵的評論家進行一番反駁之後，他在這本作品裡展現出來的幽默，肯定會受到他那些新聞同事的喜歡。笛福期待著他的讀者會提出疑問，如果他們真的不喜歡這樣的虛構故事，為什麼這本書還會賣得那麼好呢？笛福的回答是，《魯賓遜漂流記》這本書是一個寓言故事，講一個寓言故事或是創作一個寓言故事之間，這完全是兩回事。「我，魯賓遜，在這裡肯定這個故事的真實性。雖然這個故事具有寓言性質，但這個故事也是具有歷史性質的。這個故事以充滿美感的方式，展現出了人類在遭遇極端不幸的情況下，仍然能夠懷著樂觀與自信去面對任何挑戰。」事實上，魯賓遜的人生也代表著笛福的人生。笛福就曾詳細地對這個寓言故事進行了一番解讀：

　　「因此，當魯賓遜在荒島上發現了一個男人的腳印之後，

他的內心既感到驚恐又充滿了好奇。當他見到了山羊，也是感到萬分驚訝。當他感覺到有東西在他的床上上搖來搖去的時候，他嚇得瞬間跳了起來。這些都是在講述一個真實的故事。當然，這也像是一個夢中的信使傳遞給他的信號。我描述了海浪沖刷這個小島的方式進行，描述了船上著火的情形，描述了魯賓遜感到飢餓時的情形，以及對星期五的描述。除此之外，我還描述了自然的環境進行，然後讓魯賓遜對此進行宗教層面上的反思。所有這些都是忠於事實的。可以說，這些都是最為真實的，就好比一隻不斷叫我名字的鸚鵡。星期五一開始是一個野蠻人，後來變成了一個基督徒。他被人用武力逼迫來到了我身邊，最後死在那些俘虜他的人手上。我在進行這樣的描述時，都是完全基於事實去做的。難道我還要去找尋更多還活著的目擊證人，才能證明這個故事的真實性嗎？對魯賓遜來說，星期五給予他的幫助，讓他能夠在真正的孤獨或是災難的時候，感受到一陣暖意。」

「關於躲在叢林裡的黑熊故事，以及在大雪中與狼群進行搏鬥的場景，這些都是真實的故事。簡而言之，魯賓遜的冒險故事就是一部人類在最惡劣、孤獨與痛苦的環境下生存二十八年的故事。我這輩子見過太多傳奇的事情了。在面臨狂風暴雨的時候，我還要與最殘酷的野蠻人或是食人族進行鬥爭，還要遭遇難以計數的讓我的內心驚顫的事情。也許，是上天賜給我的奇跡，讓我能夠從這樣的暴力與壓迫中解放出來，從任何人的指責、鄙視以及邪惡的攻擊中掙脫出來。我在人生的命運旅途上，經歷了太多的起起落落。我的遭遇要比土耳其人的奴

隸更加悲慘，最後透過處心積慮的方式終於逃離。正如在佐立的故事裡，薩萊的那艘船經過了這座荒島，這燃起了我對人生的希望。我見過了太多的船難，雖然陸地上的人們遭遇的『災難』要比大海裡更多。在任何虛構的故事裡，都沒有一個場景能夠與這個真實的故事如此吻合。任何對此提出指責的人，都可以用嚴苛的目光去審視魯賓遜無與倫比的人生。」

但是，如果笛福真的對嚴格意義上的事實有如此強烈的追求，為什麼他不去講述自己的個人歷史呢？為什麼他要以寓言的隱喻方式去進行闡述呢？笛福從來都沒有對這樣的問題進行過回答。他創作這本書，希望能夠為人類帶來一些心靈的啟發，希望能夠宣揚「哪怕是在最艱苦的環境下，人類都應該懷著不可戰勝的耐心，懷著不屈不撓的意志，以堅定的決心去戰勝這樣的環境。」

「要是按照某人的個人經歷去進行創作，那麼我所描述的人物形象都是你們所熟悉的，那麼我所闡述的不幸遭遇或是表現出來的軟弱，都可能會被你們以不公平的方式去進行對待。我只能說的是，倘若以那樣的方式去進行創作，那麼這樣的作品可能不會有一個讀者願意去讀，也不會吸引任何人關注的目光。而創作這些作品的人，將在自己的國家裡沒有任何榮譽可言。」

雖然笛福始終宣稱，《魯賓遜漂流記》是他人生的一個展現，但若我們嚴格按照笛福說的話去進行理解，這是非常輕率的。我認為，若是讀者對這本書的脈絡去進行研究，然後根據笛福人生的編年史去進行對比，那麼這些讀者就會與我一樣，

都會認為這是一場徒勞無功的努力。當然，笛福的說法還是有一些對應之處的。毫無疑問，笛福的人生與魯賓遜的人生一樣，都在教育我們要有不可戰勝的耐心以及不屈不撓的鬥志。也許，魯賓遜所遭遇的船難對應著笛福第一次經商破產的經歷，在時間點是對得上的，都是發生在他們二十八歲之前。如果笛福的身邊真的有一個像星期五這樣的人，並且能夠學習他的創作能力，最終像他這樣去進行創作，那麼他也許就能解釋笛福身為一個作家如此高產的原因了。但是，我對笛福所說的寓言故事是否能夠進行如此細節的分析是持懷疑態度的。笛福所具有的強大想像力，會讓他迅速對任何故事賦予寓言層面上的意義。笛福可能在《情婦法蘭德絲》裡的摩爾·法蘭德絲所經歷的五次婚姻以及最終淪落為娼妓的遭遇，與他之後五次在政治上的起落以及遭受別人的懷疑進行類比。事實上，這樣的類比在某種層面上，要比笛福與那位遭遇船難的水手之間的類比更加真實。我們將《魯賓遜漂流記》一書稱為一個寓言故事，這完全有可能是事後之明。也許，這是某位想要諷刺笛福的人，創作了一本名為《倫敦的長襪商丹尼爾·笛福奇妙而驚險的人生故事，獨自在大不列顛這座無人居住的小島生活的故事》所引發出來的。

如果我們將笛福的任何作品與他創作這些作品時所處的環境結合起來，就會發現笛福想要表達的意思是多方面的，就像一個輪軸上的輻條一樣。笛福在《魯賓遜漂流記》的續集裡所進行的補充性道德章節，雖然這樣的反思本身是值得尊重的，但這必然會讓人將魯賓遜這位英雄的人生與笛福連繫起來，讓

第九章　笛福的小說創作在他人生中的位置

我們將笛福當時所處的環境與地位連繫起來。事實上，將這部作品稱為一個寓言故事，這能夠從兩方面給予笛福好處。一方面，透過製造謎團與懸念給讀者，來引起他們對這個故事的興趣。雖然笛福後來解釋說：「這個謎團現在解開了，聰明的讀者可能早就看清楚了這本書的結局以及作者的良苦用心。」另一方面，將這本書稱為寓言故事，能夠讓讀者將魯賓遜的人物形象等同於笛福的個人形象，這也是笛福希望讀者所得到的閱讀感受。正如我們所看到的，當他為多屆政府從事著祕密活動的時候，仍然在努力爭取著個人的獨立性，曾表示讓上天與大地作證，他是一個在苦苦掙扎、遭遇不幸與苦苦算計的可憐之人。對笛福來說，讀者相信他處在輝格黨極端的迫害狀況下，仍然暗地裡為托利黨的報紙進行著危險的工作是多麼不容易。笛福想要說服讀者，他遭遇了這個世界上最大的不幸，從而進一步展現出個人的誠實。《嚴肅的反思》主要包括了在遭遇困境的時候，對神的旨意進行沉思，然後得出了誠實做事是最為重要的結論。笛福是借魯賓遜之口說出這些話的，但他卻一再告誡讀者，這些事情也是作者本人在現實生活中的真實感悟。笛福非常在乎大眾對他的評價，因此他從來不會宣稱自己曾經偏離過美德的道路。相反，他暗示自己曾經做過真誠的悔改，現在已經洗心革面了。「之前野蠻而邪惡的魯賓遜，從未想過要假裝以誠實的方式去對待自己。」笛福深刻意識到自己早年犯下的錯誤。要是笛福不這樣做，那麼他就只能以錯誤的方式展現愚蠢的勇敢。「懦弱是最為恥辱的。只有那些具有最勇敢精神的人才有機會得到救贖。那些真正誠實的人，必須要要有

勇於承認自己是騙子的勇氣。」但是，正如那些久病成醫的人一樣，笛福也有資格去給別人一些建議，因為他深信自己之前犯下的錯誤是罪惡與愚蠢的，所以他不希望任何人繼續重複他的錯誤。在笛福的處事方式上，缺乏勇氣絕對不是他的特徵。因此，笛福勇敢地描述了不誠實的一種特殊形式。當笛福進行這方面的描述時，就在不知不覺中談到了米斯特的行為。

「有一個醜陋的詞語叫做狡猾。狡猾與誠實剛好是相反的意思。狡猾之人往往會隱藏一些事情，不讓我們去知道，並且故意讓我們難以發現。很多人錯誤地認為，狡猾也是誠實的一種表現方式，並且將這樣的想法帶到社會上。我聽說一些人喜歡狂野的誠實。在這樣的人看來，他們喜歡以這樣的方式去面對朋友以及從事各種交易活動。他們認為，這才是真正有用的行為方式。但是，他們始終會因為這種狂野的誠實而失去信用，而且失去信用還不是他們所面臨的最糟結果。因為他們根本不知道自己真正要與誰打交道，不知道該如何根據一件偽造的商品進行討價還價。我們可以發現，很多欺騙別人的人仍然在擺出受害者的姿態，宣稱這個世界沒有真實的朋友，用尖銳與不滿的態度去看待世界上那些普通人正常的交易活動。」

正如培根所說，任何進行創作的藝術大師，都必然會在他們的作品裡顯現出個人的痕跡。誰會懷疑那些道德家透過暴露或是抱怨罪惡，去隱藏他們想要避免世人知道的罪惡呢？笛福的《嚴肅的反思》一書裡的不少段落，似乎都是為專門針對米斯特進行一番教育。在反思誠實是一種多麼優秀的品德時，魯賓遜表達出了誠實是一種相當普遍的特質的觀點，每個人都

第九章　笛福的小說創作在他人生中的位置

應該為自己過去誠實的做法心懷感恩。在《魯賓遜漂流記》一書裡，魯賓遜希望讀者能夠注意到，他始終得到過那位英國水手寡婦、那位葡萄牙船長、那個名叫佐立的男孩以及他的僕人星期五的忠誠對待。笛福希望透過這樣寓言式的寫作手法，能夠讓米斯特從中找到一個學習的榜樣。當我們審視《嚴肅的反思》一書呈現出來的基調，就會發現這是非常虔誠、具有道德性與謙遜的，這只能是源於一個有著睿智、簡樸與真誠本性的人才能寫出來的。因此，當笛福發現了米斯特的背叛行為之後，他的內心是多麼的憤怒。笛福這樣的寫作手法，在這部小說傑作裡得到了全面的展示。在印刷的墨水乾燥之前，笛福就已經決定透過這本小說，更好地表達他對人生行為較為寬泛的理解，表達他那焦躁不安的人生。

有趣的是，在《嚴肅的反思》一書裡，我們可以找到似乎是笛福表達歉意的段落。我們也會逐漸相信，笛福之前犯下一些錯誤是情有可原的。在《浮華世界》（*Vanity Fair: A Novel without a Hero*）的作者的總結下，笛福道歉的內容凝結成了一句格言。毫無疑問，對那些並不完全缺乏良知的不誠實之人來說，這句格言顯然是一種給予他們安慰的人生哲學。

「迫於生計會讓一個誠實之人變成騙子。如果按照一般的標準去進行評判的話，那麼世界上所有還活著的窮人都不可能是誠實的人。」

「以此同時，富人反過來則是誠實的人。因為他不需要迫於生計去做一些事情，因此他能夠在世人面前展現出誠實的模樣。因為富人不需要出賣個人的正直品格，也不需要去觸碰到

不誠實的邊界。你可以跟我說說你所見到的真正誠實之人，總是能夠按時支付金錢，並且從來不欠下任何債務，不會讓任何人感到不滿。很好，我想要問的是，這樣一個誠實之人處在什麼樣的環境呢？什麼，他有很多財產，每年都有優渥的薪水，並且沒有什麼其他事情可做。如果此人是一個騙子的話，那麼魔鬼肯定會完全控制住他。任何因為金錢而犯下邪惡罪行的人，即便連魔鬼本身在製造邪惡的同時，也都不曾因為迫於生計而表現的更加邪惡。沒有人會心狠手辣到為了樂趣而進行犯罪的活動。那些犯罪的人肯定有著某種滿足心理的需求去。可能是他們內在的野心、自尊或是貪婪，正是這樣的欲望讓富人變成騙子，讓迫於生計的窮人變成騙子。」

　　這就是笛福在創作《魯賓遜漂流記》一書裡，借魯賓遜之口所說出來的解釋。事實上，他提出這個解釋，可以適用於他創作的每一本小說故事，無論是《傑克上校》、《情婦法蘭德絲》還是《羅珊娜》等作品裡的主角，他們都是因為自身的惡意而去從事犯罪活動，他們並不是為了從中獲得樂趣。他們覺得，要是他們處在另一個不同的環境，可能會變成這個社會裡更加體面、更加具有美德的一員。傑克上校是在倫敦生活的阿拉伯人，從小就是在一個充滿犯罪行為的環境下成長。在他知道犯罪的行為並不是養活自己的唯一光明大道之前，就已經進行了偷竊活動。摩爾·法蘭德絲與羅珊娜則是因為面臨著所處環境的重壓，而她們又無力去應對這樣的事實。即使在她們受到誘惑要走向歧途的時候，在墮落的過程中，內心還是會產生悔恨的情感。很多好人可能會這樣評價他們：「幸好有上帝的眷顧，

否則我也會淪落為她們那樣的人。」當然，笛福在看待這些人物的時候，並不是從巴克斯特[88]或是班揚[89]的角度去看待的。雖然笛福在描述他們的時候，進行了很多道德說教層面的反思。笛福非常謹慎地表示，如果他不認為創作這些人的故事，會對社會不良的教育或是那些沉浸在虛榮世界裡的人產生積極的影響，那麼他是絕對不會創作這些故事的。但是，如果這些人物憑藉他們的智慧過著那種冒險的生活，對他沒有任何吸引力的話，即便笛福有再多的文學才華，也肯定無法成功表達對他們的憐憫之心。我們在閱讀笛福作品的時候，經常會感受到一種流氓式的憤世嫉俗情感。一般來說，這種流氓式的憤世嫉俗情感都是我們會在那些人生經歷相對曲折的人身上才能看到的。笛福過分依賴於大眾對誠實的坦白的接受程度，從而貶低了這些故事的價值。但是，當他發現其他人在展現出無私的動機時，他始終會站出來提醒這些人，他們表現出來的無私情感，也並不會比那些宣稱能夠憑藉自身的愛意去治癒疾病的滑稽丑角無私多少。笛福本身就是一個順從環境的人，因此他發現在很多不同的道路上都是非常有趣的。他對那些始終表現出個人正直或是光明正大的人有著某種敵意。在笛福看來，一個罪者的動機，其實與一個聖人的動機並沒有太大的差別。

　　笛福在描述那些小偷與海盜故事的主要目的，本質上與他

---

88 巴克斯特（Richard Baxter, 1615-1691），英國清教教會領袖、詩人、讚美詩作家、神學家、辯論家。

89 班揚（John Bunyan, 1628-1688），又譯本仁約翰，英格蘭基督教作家、布道家，著作《天路歷程》（*The Pilgrim's Progress*）可說是最著名的基督教寓言文學出版物。

當年創作《英國商人全集》這本宣傳冊沒有什麼區別，就是希望讀者的行為能夠與這樣的理想保持一致。在笛福看來，每個人都應該首先顧及個人的自我利益，而自力更生則應該成為每個人唯一不變的信條。

「一個站在櫃檯後面的商人，肯定不能帶有一般狀態下的情感與血肉，不能表現出過分強烈的激情，也不能表現出任何怨恨心理。他絕對不能表現出憤怒的情緒 —— 即使他的內心真的感到憤怒，也絕對不能表露出來。如果一位客人與他就價值五百磅的商品出現了意見分歧的時候，雖然這些顧客光顧他的店鋪時，內心根本沒有想著要購買這些商品，只是想看看這些銷售的商品，他也應該知道，這些顧客在其他商店裡，肯定也會做著相同的事情。這是很普遍的。因此，每個商人都應該承受這樣的事情，他必須要意識到，善待顧客是他的本質工作，即使顧客最後沒有購買商品，他的服務也絕對不是白白浪費的，因此他絕對不能心生怨恨，必須要以親切的態度去面對顧客的諮詢，即便顧客最後什麼都沒有購買，這也沒有關係。這樣做的道理是非常簡單的。如果某些人存心要找他麻煩，什麼東西都不賣，那麼肯定會有其他顧客會購買一些東西。至於那些故意刁難商家的顧客，這是任何從事經營行業的人都會遇到的。」

在笛福的小說故事裡刻劃的無論是男主角還是女主角，都具有一種務實的精神，都懂得用手段去服務於最後的結果。當他們的內心定下了一個目標之後，那麼無論是打家劫舍、劫掠一艘船，還是欺詐那些容易上當的人，他們都絕對不會讓自己

的激情、怨恨或是情感以任何形式去阻擋他們實現這樣的目標。當他們決定必須要實現某個目標的時候，其他任何的考量都必須要被擱置在一邊。笛福所描繪的這些人物，都是那些走入了歧途的人物形象。他們對所謂罪惡的英雄主義沒有任何概念，他們的犯罪學行為並不是某種不可控制的激情的產物，他們甚至也不會反抗傳統思想限制的一種結果。事實上，真正讓他們最後成為罪犯的原因，在於他們所處的現實環境，而不是他們天生就具有一種犯罪的衝動。一個小說家應該怎樣去進行創作，才能讓這樣的故事變得更加有趣呢？難道只是因為我們是一個重視經商的國度，因此每個經商的人，都會對這樣的熟悉套路很感興趣呢？還是笛福想讓我們享受他作品裡男女主角表現出來的勇敢與聰明，而沒有想過要充分展現出這些人物的特質呢？笛福非常樂意採取勇敢的權宜之計，沉浸在他那熟練設計出來的情節與情景安排。除此之外，笛福很少會讓我們去思考這些人的人生本身是成功還是失敗這個問題。我們的注意力都集中在這場遊戲上，因此我們在那個時刻沒有注意到參與這場遊戲的選手。查理斯·蘭姆在評價《英國商人全集》這本書的時候說：「笛福創作的這本書，會讓我們的心靈變得狹隘與墮落。如果他在書中所提倡的格言，就像那些放肆的流亡者那樣容易傳染的話，那麼這個世界就亂套了。幸好這樣的情形沒有出現。如果我生活在笛福的那個時代，我肯定會向米德塞克的陪審團告發笛福的行為，說笛福創作的很多作品，都具有卑鄙與侮辱性質的傾向。」不過，如果笛福真的以小說的形式去進行創作，並且兢兢業業地按照這條格言，從一個跑腿的男孩

變成一個腰纏萬貫的資本家，那麼這肯定與笛福描述那些成功的小偷或是相對成功的娼妓的人生來得更加有趣。當然，這也展現了笛福的人生觀，無論採取怎樣的方式去做，任何手段都應該服務於最終的目標。

第十章
笛福的神祕死亡

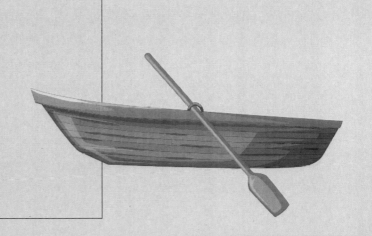

第十章　笛福的神祕死亡

笛福在描述一位蠱惑人心的談話者時說：「這些人所能採取的最好方式，就是繼續欺騙下去，充分展現欺騙這種犯罪行為的獨一無二的性質。這是一種奇怪的表達方式，但我要說的是，他們所採取的方式，就是一直以欺騙的方式去矇騙別人，直到他們的本性完全暴露。只有到那時，他們才無法繼續欺騙下去了，因為他們的騙術已經黔驢技窮。因此，欺騙的精髓就消失了。因為對一個謊言的描述，就是說某人說出這樣的話，只是為了欺騙別人，或者說目的就是為了欺騙別人。現在，既然沒有人再願意相信他，因此他也無法再繼續說謊了，因為沒有人會繼續被他欺騙。」

笛福說的這段話，其實也發生在他自己身上。在《魯賓遜漂流記》一書出版之後，笛福達到了他人生聲望的頂峰。此時，笛福的富有程度，也超過他當年獲得威廉三世信任的時期，也要超過他當年忙著從事製造生產與商業活動的時期。在新聞報紙領域，笛福不再是一個孤獨的人。與他在小說中所描繪的那個主角一樣，笛福也擁有了好幾座莊園，還有很多人一起幫助他。他與四本期刊保持著聯絡，單從這一點來看，笛福的收入就不會少。除此之外，笛福以平均每年六本書的速度去進行創作，當然其中一些是宣傳冊，一些則是篇幅較長的書籍。笛福創作的這些書籍，都是為了滿足當時讀者的閱讀需求，其中幾本書還受到了讀者的熱烈追捧，在出版之後的幾個月裡，就再版了三四次。在這個時候，笛福還能獲得政府給予的薪水。他在一封現存下來的信件裡表示，這份薪水實在是來得有點晚了。除此之外，1726 年一份報紙上刊登了一個關於

遺失的口袋書的廣告，裡面就兩次列舉了與笛福名字相關的帳單，這似乎表明，此時的笛福除了文學創作之外，還有其他商業層面上的交易。總而言之，此時的笛福過著富足的生活，終於甩掉了貧窮的帽子。他在斯托克紐因頓[90]建造了一座龐大的房子，這座房子還配有馬廄、遊樂場以及一輛馬車。

我們可以從自然主義者亨利·貝克的筆記中，看到笛福在這個時期的生活是相當愉悅的。貝克娶了笛福的一個女兒為妻，並且得到了笛福的資助，創辦了我們在前文所談到過的《觀察者》這份期刊。貝克原本是一位書商，1724 年，他在紐因頓地區創辦了一所聾啞學校。根據貝克現存的筆記，我們可以知道，他「是透過笛福所寫的文章認識笛福的，當時笛福剛剛在這裡建造了一棟龐大的房子，作為他離開倫敦時的休養住所。平時，笛福不是在寬闊的花園裡修剪花草，就是在書房裡進行創作，他總是能夠找到很多賺錢的辦法」。笛福「現在至少已經六十歲了，患上痛風與結石等疾病，但他仍然保持著最健全的心智」。貝克接著寫道，他「經常會在茶桌上見到笛福三個美麗的女兒，她們都以各自的美麗、教養以及得體的舉止而受到別人的尊重。如果笛福有時身患疾病，無法與她們在一起，那麼貝克就會在天氣適宜的時候，陪她們在花園裡轉一圈」。貝克將他追求的目標鎖定在笛福最小的女兒索菲亞身上。身為一個小心謹慎的追求者，他慢慢與笛福商量將索菲亞娶過門的想法。笛福對此事的表態也非常有意思。笛福說：「他

90 斯托克紐因頓（Stoke Newington），英國倫敦的一個地區，相當於哈克尼倫敦自治市的西北部地區。

第十章　笛福的神祕死亡

對我所處的環境一無所知，只是從我展現出來的富足生活狀態得出結論。他必須要有能力讓我的女兒過上體面的生活。我並不要求她過上大富大貴的生活，只是希望能夠讓我的女兒過得衣食無憂。」當貝克與笛福親口談到這門婚事的時候，笛福同意了他的要求，但表示希望他能夠給予一定數目的金錢。不過，在貝克後來具體詢問笛福需要多少錢時，笛福則表示這是沒有必要的，表示自己相信貝克的為人。貝克與笛福之前在談論的時候，並不知道笛福之前所經歷的那麼多事情。笛福覺得自己不能沒有目前所擁有的金錢。在他臨死的時候，他的女兒將會得到他的遺產。因為他給了女兒不少的債券。貝克曾對笛福說，他不能收下這些債券資產。因此他與索菲亞的婚禮直到兩年之後才舉辦。最後，笛福去世的時候，他留下了五百英鎊的遺產，還有在紐因頓的這棟房子。

除了笛福的大女兒嫁給了一個名叫蘭利的人之外，關於笛福家人的資訊非常少。蘭利以妻子的名義進行海上供應品的投機生意，並賺了不少錢。後來，他們在科赤斯特[91]買下了價值1,020英鎊的房產。笛福的二兒子名叫班傑明，後來成為一名記者，曾擔任過《倫敦期刊》的編輯。1721年，他因為在這份報紙上發表了一篇具有誹謗性與煽動性的文章，遭遇一些麻煩。威廉·李曾認定《蘋果峰》的一位作者就是笛福本人。這位作者經常在《蘋果峰》期刊上發表文章評論當時的時事，否認很多人所說的著名的丹尼爾·笛福就是寫作這些冒犯政府文章的作

---

91 科赤斯特（Colchester），英國英格蘭東部地區艾塞克斯郡的鎮，它是英國有歷史記載最古老的城鎮和市場。

者的傳言。同一位作者宣稱「所謂笛福的兒子，只是一個掩護自己行為的藉口與工具，用來為自己遭遇的各種麻煩開脫。他就是那位創作眾多誹謗性文章的作者。但是，他卻假裝是這份期刊的所有者，從而躲過理應受到的懲罰。」

當米斯特發現笛福與政府之間的關係之後，笛福的二兒子班傑明似乎在這場紛爭中，並沒有表現得很好。當米斯特對班傑明的攻擊沒有產生效果的時候，米斯特似乎想要透過向國外傳播這個事實來進行報復。笛福對米斯特這種恩將仇報的做法表現出憤慨之情，並不能洗脫他在這些事情上的嫌疑。從這之後，《蘋果峰》期刊的印刷工人與其他編輯開始疏遠他。按照威廉·李對笛福與《蘋果峰》之間關係的估計，他們倆之間的關係在 1726 年 3 月突然斷絕了。此後沒多久，笛福在他創作的《街頭搶劫》這本宣傳冊的前言裡，抱怨說這本期刊的其他人都不願意與他進行任何交流。「親愛的讀者，你們可以深信一點，」笛福說，「我從未在這本宣傳冊裡透露個人的計畫。在沒有顧及編輯或是出版商感受的情況下，我是不可能將這些內容刊登在期刊上的。我只能懷著一種虛榮的想法認為，他們可能將我寄給他們的一些內容添加進去。也就是說，我在他們的期刊上，可以看到我的文章，而且他們沒有向我支付一分錢。但是，讓我感到難受的是，我發現自己寄去的文章遭到了他們的拒絕，而且他們還不將原稿寄回給我，讓沒有留下備份的我失去了這篇文章的手稿。」在這篇前言裡，笛福用充滿感染力的文字談論了自己的年齡與虛弱的身體。他懇求讀者能夠「原諒他這樣一個多管閒事的老人表現出來的虛榮心」，他希望讀者

第十章　笛福的神祕死亡

明白，他之前所做的一切，都是為了服務這個國家。「我這個老人不會再繼續打擾你們多長時間了。我內心最好的打算，就是將年齡與人性的弱點所帶來的弊端清除掉。」

笛福的這篇前言寫於 1728 年。在接下來的一年裡，笛福所遇到的事情，是讓我們感到費解的。而笛福所寫的一封保存下來的長信，更是讓我們百思不得其解。笛福似乎遇到了什麼事情，或是想像著某些事情可能會發生，正是這樣的念頭驅使著他離開家，躲藏起來。當時，他正在創作一本名為《英國紳士全集》的書。1729 年 9 月，他突然離開家，不知所蹤，這本書的一部分才剛剛印刷完。1730 年 8 月，笛福從自己躲藏的地方寄出一封信，小心謹慎地表示，自己生活在距離格林威治[92]大約兩英里的地方。他的這封信是寄給他的女婿貝克的。這封信的內容，是我們知道笛福到底遇到了什麼事情的唯一線索。要是我們認為，此時的笛福因為過去數十年的辛苦創作與內心的焦慮，已經變得心力交瘁了，並且不再像過去那樣有著不可戰勝的自力更生能力了。顯然，貝克曾在日記裡抱怨說，笛福不允許他前去看望他。「我真誠地希望，」笛福回信說，「你千萬不要過來看望我。透過信件這種安全穩妥的方式與你們進行交流，要比你們前來拜訪我來得更好。我可以透過信件與你，以及我親愛的索菲亞進行交流。我不希望索菲亞因為要在黑暗中見到自己的父親，而感到悲傷，我不希望她承受我現在感受

---

92 格林威治（Greenwich），位於英國英格蘭大倫敦東南的格林威治區、泰晤士河以南的城區和歷史古鎮。格林威治鎮位於泰晤士河南岸，倫敦傳統中心點查令十字東南偏東 8.9 公里處。

到的無法承受的這種悲傷。」笛福在回信中，用感人的話語談論著占據著他心靈的悲傷情感：

「索菲亞非常清楚，真正讓我的精神垮掉的，並不是我所遭受的那些邪惡、虛偽的指責，還有可鄙的敵人的人身攻擊，而是其他的事情讓我遭遇了更大的災難。我必須要說，正是我的兒子以非正義不人道的方式對待我，不僅毀掉了我的家庭，而且讓我的心感到破碎……我依賴我的兒子，我相信他，我將我那兩個毫無生活來源的女兒都託付到他的手上，但他卻沒有任何憐憫之心，讓她們過著貧窮的痛苦生活，讓他那位垂死的母親在他的家門口懇求著麵包，而他卻將手上的麵包隱藏起來。他過著富足的生活，卻讓自己的家人過著飢餓的生活。對我來說，這樣的打擊太大了。請原諒我的體弱多病，我無法再說更多了。我的整顆心都碎掉了。臨死之前，我只想問你一件事。當我去世之後，希望你們能夠幫助他們，讓他們不要走入歧途。我希望你能夠繼續將他看成是你的兄弟。如果你們覺得怎麼做才是最好的告慰我在天之靈的方式，我希望你們能夠用我的財產，去支持他們，讓他們不要因為各種虛假的藉口或是扭曲的想法而遭受傷害。我希望他們過上有別人指引的舒適生活。但是，他們可能再也不會輕信別人的說法或是承諾了。」

這封信的附言表明，貝克曾寫信給笛福，談論過關於出售那座房子的事情。讀者也許還記得，這座房子是笛福留給貝克的遺產。「幾個月前，我寫了一封信給你，跟你談論了這件事，希望得到你的回覆。但是，你一直都沒有跟我說，你是否收到了這封信。現在我想要得到你明確的答覆。我想你的妻

第十章 笛福的神祕死亡

子索菲亞或是漢娜也許會收到你這方面的來信。」貝克談到笛福之前無視他談論關於出售這座房子的事情，也許就證明了笛福對他這樣做是不滿意的。顯然，貝克想要親自找笛福談一談這件事。在這封信的開頭，笛福就表示，雖然他不希望自己的女婿前來見他，他的內心感到非常悲傷，因此不願意見到任何人。正如我們在上文所談到的，笛福對他的兒子進行一番控訴之後，接著解釋說，他現在不願意見到貝克。顯然，笛福的家人有一段時間沒有留意笛福內心的想法。「現在，我居住在遠離倫敦的肯特，我在倫敦沒有了落腳點。從我上次寫信給你，告訴你我已經不在老貝利街那裡居住了。現在，我的身體很虛弱，有時會發燒，這讓我的精神狀態很差。」事實上，笛福提出了一個計畫，要是按照這個計畫，他可以見見他的女婿與女兒。笛福不願意讓他們專門跑那麼遠的路前來看望自己。「即便要見你們的話，也是我前去見你們，看一下你們現在的樣子，然後我就會馬上離開。對我來說，這樣的心理負擔實在太沉重了。離別時所帶來的傷感要遠遠超過見面時的喜悅。」但是，貝克與索菲亞能夠在恩菲爾德[93]為笛福找到一處隱居的地方，「他可以過著默默無聞的生活，並且時常還能感受到見他們的樂趣，那麼他肯定願意在孤獨中度過自己的餘生，每兩三個星期與他們見面半個小時。」不管怎麼說，笛福還是認為這樣的計畫是不可能實現的。在這封信的結尾處，笛福深情地表達了內心的悲傷情感，表示自己已經接近了人生的盡頭，可能再也無法見到他們了。最後，笛福顯然避免做出他不想要見

---

93 恩菲爾德（Enfield），英國英格蘭大倫敦外倫敦的自治市。

到的女婿的結論，而貝克想要跟他見面談論有關金錢方面的事情，更是他不願意談論的話題。

　　難道笛福的推辭是他精神開始出現錯亂的開端嗎？難道他不告知女婿自己的住址，只是他出於多年來形成的一種自我依賴的生活習慣，讓他選擇以這樣的方式去面對人生最大的風險嗎？為什麼笛福要以如此誇張的方式描述他那個不孝順兒子的行為呢？從我上面所引述的內容來看，我們可以知道他的兒子到底犯下了什麼錯。笛福之前已經將一些財產留給他的兒子託管，用於他的妻子與女兒們的生活。但是，他的兒子卻沒有按照他的想法去做，而是完全占為己有，承諾他會繼續為她們保管這些財產。正是出於這個原因，笛福才將自己的妻子與女兒們說成是「在他的家門口乞求著麵包，彷彿是得到他的施捨一樣」。事實上，他的妻子與女兒們是完全有權力獲得這些東西的。為什麼笛福在寫給女婿的這封信裡，用如此強烈的語氣去表達內心的悲傷情感，同時表示希望他能夠謹慎地利用自己的財產呢？貝克在寫給岳父笛福的一封信裡，就詢問了屬於他妻子的那一份財產的事情。在回信裡，笛福用深情的方式進行了回答，描繪了年老的自己身體虛弱，過著痛苦的生活，還談到了他的兒子背叛了自己，從而毀掉了他的這個家。笛福表示，希望在他離開這個世界之後，他的女婿能夠與自己的妻子與女兒們站在一起。至於貝克在信件的附言裡提到的關於財產的問題，笛福並沒有正面回答。他表示自己不會出售那座房子，他也不知道誰了解這方面的資訊。

　　晚年的笛福過著默默無聞的生活，他唯一憂慮的事，就是

第十章　笛福的神祕死亡

希望為自己那些無法養活自己的家人提供一個保障。笛福晚年之所以要過著東躲西藏的生活，也許就是為了躲藏他的那些債主。我們已經知道，笛福在 1718 年以及之後幾年的收入都很不錯，但他在 1726 年因為報紙失去了信譽，導致他欠下了很多債務。但是，笛福之前可能還欠下過不少債務。否則，我們就很難解釋為什麼笛福會感到如此痛苦。這也解釋了，當他過著富足的生活時，他將自己的財產留給自己的孩子。早在 1720 年，笛福就將財產留給自己的女兒漢娜。我在前面已經引述了這方面的信件，就可以看出笛福之前在紐因頓的那座房產，並不是在他的名下。在這封信裡，笛福談到了那些故意作偽證來陷害他的可恥敵人，才是他淪落到如此境地的主要原因。威廉·李推測，這個陷害他的人可能是米斯特。米斯特成功地與政府內部的一些人取得聯絡，然後說服他們，聲稱笛福在從事祕密活動過程中，犯下了叛國罪。笛福可能正是因為收到了這樣的風聲，而選擇了逃離。但是，我們很難想像，政府會相信米斯特這樣一個因為發表煽動性言論而遭到驅逐的人對笛福所做出的指控。更有可能的情形是，米斯特與他的支持者出於金錢利益的驅使，鼓吹笛福之前收了不少錢，做出了叛國的行為。

事實上，我們可以認定，讓笛福在人生最後的兩年時間裡，以一個無家可歸的流浪者與逃亡者的身分去生活的恐懼感，很有可能是他個人臆想出來的。1731 年 4 月 26 日，笛福在穆菲爾茲的羅普梅克小巷的住所裡，於睡夢中離開了人世。1733 年 9 月，按照倫敦民事律師協會出版的一本書提供的情

況，我們可以看到管理他的財物與不動產的權力，落入了一位名叫瑪麗·布魯克斯的寡婦手上。這是官方在找尋笛福的近親時，所能找到的唯一一個人。如果笛福是出於個人臆想出來的恐懼感而選擇離開家，並時刻懷疑他的家人可能會將他帶回家。那麼當笛福去世之後，我們就永遠都無法知道真正驅使他離開家的動機了。在笛福去世之後，他的家人肯定都知道這件事，因為關於笛福去世的地點與時間都刊登在多家報紙上。在笛福寫給他的女婿貝克的一封信裡，他就表達了自己對除了兒子之外其他家人的熱烈情感，這足以讓我們產生這樣的看法，即笛福會像復仇的李爾王那樣，對他那個違背承諾的兒子進行報復。如果笛福的家人能夠做出這樣不自然的舉動，那麼他們就無法獲得笛福剩餘的財產。但是，為什麼笛福的財產與不動產會落入那位名叫瑪麗·布魯克斯的寡婦之手呢？威廉·李大膽地推測，這位瑪麗·布魯克斯就是笛福在去世時所居住的房屋的主人，她管理著笛福的個人財產，為他支付生前的房租以及葬禮的費用。威廉·李提出的這個解釋是相當簡單的，足以解釋大部分已知的事實，同時不需要我們對笛福的孩子們進行過多的揣測。在笛福最後被病魔征服之前，仍然千方百計地想辦法躲避債主，不希望任何在法律層面上屬於自己的東西被別人搶走。但是，關於這樣的解釋，還是會引起我們的懷疑，讓我們感到費解。

威廉·李有充分的理由認為，笛福並不像一些傳記作家所寫的那樣，是在某種真實的焦慮情感中去世的。穆菲爾茲的羅普梅克小巷，在上個世紀初期居住了很多受人尊重的人物，

第十章　笛福的神祕死亡

這裡的居住環境絕對不是貧窮骯髒的。因此，更有可能的事實是，笛福最後兩年的流浪生活，是依靠政府給予的補貼度過的。鑒於當時笛福的身體狀況還不是很糟糕，因此對笛福來說，過著這種流浪的生活，並不會像其他人那樣，帶給他那麼多的痛苦。因為，笛福一生中的大部分時間都是在流浪中度過的。但是，不管怎麼說，對於笛福這樣一個充滿著活力的人來說，在身心痛苦與精神疲憊的狀態下結束自己的生命，這都是讓人感到惋惜的。除非我們毫無憐憫之心地認為，這是上天對笛福在道德層面上的缺陷所進行的懲罰。不過，當我們想到，當年邁的笛福身體虛弱，過著焦慮的生活時，卻也不需要因為讓人絕望的貧窮所帶來的壓力而感到煩惱，此時，我們的內心還是會感到些許的寬慰。我也不認為，笛福會像他在寫給女婿的那封信裡，表示擔心自己去世之後，自己的家人會遭受滅頂之災那樣憂慮。我也不認為，笛福對自己兒子充滿惡意的猜疑程度是那麼深。在笛福寫給貝克的那封信裡，就可以看出此時的笛福已經有點精神錯亂了，因為他在信件內容的銜接上，顯得非常不連貫，出現語無倫次的情況。當我閱讀笛福的這封信時，感覺這是笛福在聰明地迴避答覆他的女婿所提出的要獲得部分財產的問題。在笛福一開始分配財產給自己女兒們的問題上，我們就可以看到，笛福是一個多麼反覆無常的人。從笛福的小說裡，我們也可以知道他對那些追求財富的人的看法，知道他喜歡戰勝其他追求財富的人。笛福可能認為，他最小的女兒因為嫁給了貝克，因此她能夠過上相對舒適的生活。所以，他會將更多的心思放在自己那些當時尚未結婚的女兒身上。在

我看來，笛福所寫的那封信，就證明了笛福並不擔心他們未來的生活，因此他才能以如此決斷的勇氣選擇離家出走。雖然笛福不斷表達著對家人的愛意，但這些信件還是說明了兩個問題，笛福與他的女婿之間的關係已經有破裂的跡象了。笛福只是為貝克的報紙《觀察者》寫了一篇創刊詞以及一篇文章。他去世的時候，貝克得知這個噩耗，也沒有表達出太多的傷感。

如果我對笛福這些信件的解讀是正確的話，那麼這就將笛福在政治文章中顯露出來的強烈特點充分展現出來了。笛福所寫的這些信件，充分展現了他的寫作能力以及圓滑的交流技巧，目的就是為了實現一個正義與仁慈的目標。在我之前說過，笛福是一個缺乏誠實本性的人，我這樣的說法也許會讓讀者感到有些奇怪。但是，在笛福的品格接受最終的考驗之前，倘若我們對笛福的政治生涯進行這樣的觀察，就肯定會得出這樣的結論。笛福是一個真正意義上的偉大騙子，也許是世界有史以來最厲害的騙子。他的不誠實本性已經深入骨髓了，因此無法從表面上看出來。但是，如果我們對笛福複雜而又奇怪的本性進行深入的研究，就會發現笛福的良知有著最為堅實的基礎。在笛福去世之後，那個時代的人對他做出的評論當中，其中就有一個人的評論非常完美地闡述了笛福在政治上的地位：「他對人類的了解，特別是對那些身居高位的人的了解 —— 他生前經常與這些人進行交流 — － 削弱了他對任何政治黨派的歸屬感。不過他始終都在追求著公民權利與宗教自由，並在多個重要場合下，為這樣的權利發出自己的聲音。」笛福生前所接觸的那些人，在他看來都不是人們要學習的好榜樣。在笛福

第十章 笛福的神祕死亡

的一生當中，英國政治領域的道德標準可以說是處在歷史最低點。很多人所處的地位，都要取決於他們受到國王的恩寵程度，而國王本身的王位就並非穩固。政黨之間溝壑難填，更談不上任何合作，讓那些政客能夠做到表裡如一更是難上加難，因為每個人都需要靠自身能力首先在險惡的政治環境下生存下來。在此期間，笛福一直躲在背後，親眼觀察著很多人事變動，兩耳充滿了嫉妒、陰謀與背叛的真實故事。他見證過詹姆士二世黨在威廉三世統治下擔任官職，看到這些人爭相諂媚，只為贏得國王的歡心。他們希望透過與詹姆士二世的間諜進行談判，從而為自己在國王面前邀功，或是出於自保的需求。他們似乎認為威廉三世會永遠地活下去。在安妮女王統治期間，笛福見證了輝格黨整肅托利黨，也見過托利黨報復輝格黨，見過地位最高的政治家向漢諾威王室伸出一隻手的同時，又向聖日爾曼王室伸出另一隻手的行為。笛福見過最表裡如一的人，非威廉三世莫屬。每當笛福談論起威廉三世的時候，總會流露出最深情的感恩。雖然笛福自己也是善變之人，但他那種善於利用局勢去掩蓋個人目的的能力，也著實讓人佩服。可以說，除了笛福之外，在他那一代的政治家當中，沒有哪個人能夠始終在內心深處忠於光榮革命的原則，也沒有誰能夠像他那樣始終追求著公民權利與宗教自由。沒有哪一位公眾人物能夠像笛福這樣，深刻地了解到持續地追求公民權利與宗教自由政策，會為整個國家帶來多大的裨益。即便在他是哈利手下一名猛將時，他都能讓其他派系的人認為，他就是他們這個派系的人。他所參與的這些工作，就是為了讓他的恩人哈利能夠在漢諾威

王朝擔任要職。與其他所有人一樣，笛福有時會透過陰謀，有時會透過大眾媒體去達成目的。也許，他會為了完成威廉三世留給英國政治家的兩個目標而做出不懈的努力 —— 其中一個目標就是讓英格蘭與蘇格蘭合併，成立一個聯合王國；另一個目標就是讓英國變成一個新教國家。除了高層政治這個領域之外，笛福所提出的各種改良社會的倡議與計畫，始終讓他走在那個時代的最前列。笛福無法被視為道德層面上的楷模，但是如果我們按照他所取得的成就，而不是他為了取得這些成就所採取的手段，去對他進行評價的話，那麼很少有人能夠像笛福這樣，理應得到英國國民的感恩之情。也許，笛福是一個自私自利與虛榮心極強的人，但是他在政治生涯中的自私自利與虛榮心，是為了能夠將他的那些政治盟友聯合起來，從而去實現更加崇高的目標。可以說，笛福是將騙子與愛國者二者的特性都完美融合在一起的特殊人物。有時，笛福將純粹的騙子及其技巧發揮到了極致，有時則將純粹的愛國者形象展現到了極致。笛福將這兩種看似完全不著邊的身分以複雜的方式融合起來，將他身上的那種焦躁不安的能量展現出來。可以說，歷史上沒有比笛福更好地將這兩種元素完美地呈現出來的人了。這位《魯賓遜漂流記》的作者，完全有資格激發起每個人心中的揣測與思考。

附錄 1
維吉尼亞・吳爾芙評笛福

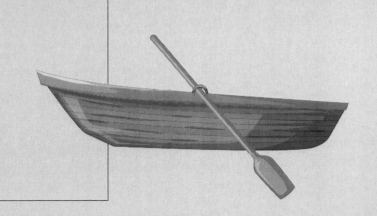

　　數百年來，記錄者一直惟恐自己在盱衡一個正在消逝的幽靈，而且被迫預告它正在接近消亡。這種恐懼在《魯賓遜漂流記》中不僅不存在，而且只要產生這種念頭都令人啼笑皆非。可能是真的，《魯賓遜漂流記》到 1919 年 4 月 25 日才有 200 年的歷史，但至於當下人們是否還讀這本書，抑或將來是否繼續讀它，如此耳熟能詳的推測卻無人問津，200 年的影響會使我們感到驚奇，不朽之作《魯賓遜漂流記》竟然才存世那麼短的時間。這本書更像是人類的佚名作，而不像某個才子的傑作，至於慶祝它的百年，我倒寧願慶祝巨石陣[94]的百年，我們可能將此歸因於這個事實：早在孩提時代，我們都聽過《魯賓遜漂流記》的朗誦，因此對笛福及其故事的看法就像希臘人對荷馬一模一樣。我們從未想過有笛福這麼一個人，並告訴我們《魯賓遜漂流記》就出自這樣一位手握羽毛筆創作者之手，好像這一切令人生厭地攪亂了我們的心緒，也會毫無意義，可兒時的印象最為深刻且最持久。現在丹尼爾‧笛福這個名字仍好像無權出現在《魯賓遜漂流記》的封面上，如果我們紀念這部作品誕生 200 周年，那這個事實毋庸置疑：像巨石陣一樣，這部傑作依然存在。

　　這部書的鼎鼎大名對它的作者有些不公平。因為當它給了他一種匿名的榮耀時，它也掩蓋了他還寫過其他作品的事實，而其他作品，保險地說，並沒有大聲朗讀給我們兒童聽。為

---

94 巨石陣（Stonehenge），位於英格蘭威爾特郡埃姆斯伯里，英國的旅遊熱點，每年有近 100 萬人從世界各地慕名前來參觀。巨石陣也叫做圓形石林。那裡的幾十塊巨石圍成一個大圓圈，其中一些石塊足有六公尺之高。據估計，圓形石林已經在這個一馬平川的平原上矗立了幾千年。

此，當《基督世界》的主編於 1870 年呼籲「英國的男孩和女孩們」在一道閃電毀壞了的笛福墓前的一塊碑時，人們便刻了這塊大理石碑來紀念《魯賓遜漂流記》的作者。沒有提及《情婦法蘭德絲》。考慮到那本書和《羅珊娜》、《辛格爾頓船長》、《傑克上校》及其他作品中的主題，對於這樣的疏漏，我們不必驚訝，雖然我們會十分憤慨。我們可能會與笛福的傳記作者懷特先生意見一致，這些「不是為客廳閒談而寫的作品」。但是，除非我們贊成讓那件有用的傢俱做出最終審美判斷，否則我們就一定會對這個事實感到遺憾：那些作品的粗糙，或者說《魯賓遜漂流記》的廣泛名聲，使它們遠遠沒有得到應該得到的聲譽。在任何不愧對碑名的墓碑上，《情婦法蘭德絲》和《羅珊娜》的名字至少應該與笛福的名字刻得一樣深。它們屹立在我們能稱之為無可爭議的巨著的幾部英國小說中間。它們那名聲更大的同伴的 200 周年紀念這個盛會很可能引導我們思索，這些作品的偉大與作者的偉大有著許多共通之處，因此可能發現其偉大之所在。

笛福轉向小說創作時已經不再年輕，他的小說創作先於理查森和菲爾丁許多年，他確實是一位拓荒者，對形成和發展有著重要的作用。不過，這裡並沒有必要評述他的先行這件事，倒可以說，他懷著某些藝術觀點來進行小說創作的，而這些觀點一部分可以追溯到他本人就是藝術先行者之一這件事。這部小說不得不透過敘述一個真實的故事、宣傳一種完美的道德來證明其存在的合理性。「這種提供虛構故事的做法當然是一種最醜惡可恥的罪過」，他寫道，「是一種謊言在心中造成了一個

大洞，透過它，一種說謊的習慣漸漸地鑽了進來。」因此，他在每一部作品的前言或正文中，都煞費苦心地堅持說，他一點也沒有運用虛構手法，而是完全依賴事實；他一直追求崇高的道德，期望轉變邪惡者、警示天真者。幸運的是，這些原則與其性情和天賦十分吻合。60 年形形色色的時運教會他許許多多客觀事實，接著，他將自身體驗在小說中敘述了出來。「不久前我在這押韻對句中概括了我的生活片斷」，他寫道：

「誰曾品嘗過更為罕見的時運，

我已十三次經歷富有與赤貧。」

　　他在紐蓋特監獄待過 18 個月，與盜賊、海盜、攔路搶劫者以及鑄偽幣者交談過，接著開始寫作摩爾・法蘭德絲的故事。但是，憑藉生活和事件將事實強加於人是一回事，如飢似渴地將它們囫圇吞下，然後保留其中難以磨滅的印象卻是另一回事。笛福不僅了解貧困的重壓，與貧困的受害者交談過，而且那種受環境影響、被迫獨立謀生而且沒有保護的生活強烈地感染了他，使他極富想像力地將這種生活當成他的藝術素材。在他那些重要小說的開頭幾頁，總是讓他的男女主角淪落到沒有朋友的痛苦狀態，他們的生存必定是不斷地鬥爭，他們在任何情況下的倖存都是幸運和自身努力的結果。摩爾・法蘭德絲生於紐蓋特監獄，母親是一名罪犯；辛格爾頓船長孩提時代被人拐賣給吉普賽人；傑克上校「雖然生來是一位紳士，但卻被送到扒手那裡當學徒」；剛開始羅珊娜運氣不錯，但是，15 歲結婚後，她目睹丈夫破產，自己被遺棄，與五個孩子生活在「一種言語難以表達的最最可悲的狀態」之中。

因此，這些男孩和女孩中每一個人都有需要開始的世界，有需要為自己奮爭的戰鬥。如此營造的局面完全出乎笛福的意願。他們中最為有名的摩爾・法蘭德絲一出生，或者最多過了半年就受到了「貧困，那個最可惡的魔鬼」的困擾。她剛學會縫紉就被迫自謀生路，不得不到處流浪。她不奢望她的創造者提供那種微妙的家庭氣氛，實際上笛福也不可能提供，而是靠他展示異鄉人和異國習俗。從一開始，證明自己生存權利的重任就落到了她肩上。她必須完全依靠自己的智慧，自己的判斷，憑藉自己頭腦裡發明的一種經驗法則或道德觀來應付每一個突發事件。這個故事輕鬆活潑，部分是由於摩爾・法蘭德絲在很早時候就超越了那些公認的法則，因而獲得了自由。唯一不可能發生的事是，她竟然過上舒適安定的生活。不過，作者獨特的創造才能從一開始就顯示出來，這就避免了落入明顯冒險小說窠臼的危險。他讓我們懂得，摩爾・法蘭德絲是一位獨立的女性，而不僅僅是一系列冒險事件中的素材。為了證明這一點，她像羅珊娜一樣開始情感熾熱地陷入戀愛之中。她必須振作起來，嫁給別人，她熱切地盼望著成婚和美好前程，這一切並不是蔑視她的熱情，而是歸咎於她的出身。像笛福作品中的所有女性，她是一個具備健全思維能力的人。因為既然謊言對她有用，她就無所顧忌地撒謊，所以她說的真話中有一點無可否認的東西。她沒有時間浪費在個人情感的完善上；淚流了，一時的絕望發生了，然後「故事繼續」。她有一種喜歡勇敢面對暴風雨的精神，她在行使自己的權力中取樂。當她發現在維吉尼亞嫁的那個男人是自己的兄弟時，她感到萬分憤慨，

堅持要離開他；但是一旦等她到布里斯托爾，「我轉道去巴思，因為既然我還年輕，我那總是十分快樂的性情，仍然如故並發展到了極致」。她並不絕情，也沒有任何人能指責她輕浮；但是，生活使她快樂。一個栩栩如生的女主角支配了我們所有人。此外，她的抱負中有一種輕微的想像，使其置於崇高情感之列。她精明而且勢必講究實際，但她還是常常渴望浪漫，渴望她感覺使人成為紳士的那種品格。「他確實具備一種真正的騎士精神，這對我來說則更加痛苦。被一個正直的人毀了與被惡棍毀了相比多少還有一點安慰。」當她欺騙了一個攔路搶劫者，論及她的命運時她寫道。這與她的性情相符，她該為她的最終伴侶而自豪，因為他到達種植園後不肯做事而寧可打獵，她一定十分高興，為他買了假髮和銀柄劍「使他看上去像，因為他實際上也是，一個舉止優雅的紳士」。始終如一的是她對炎熱天氣的酷愛，是她親吻兒子走過的大地時那種激情，是她那高尚的寬容精神，她寬容各式各樣的錯誤，只要錯誤不是「精神上完全的卑鄙」，不是「位顯時專橫跋扈、殘酷無情，位卑時卑躬屈節、一蹶不振」。對於世上其他人，她只有善意。

既然這位久經考驗的老罪人的品格和美德一點也沒有耗盡，我們完全可以理解，倫敦橋上博羅的賣蘋果的女人怎麼會稱她為「尊敬的瑪利亞」，並且把她的書看得比她攤上所有的蘋果都重要，博羅將書帶進貨棚深處，直到眼睛痛為止。不過我們在大談性格特徵時意在證明，摩爾‧法蘭德絲並不像他受到指責的那樣，僅僅是一個不懂心理學本質的旅行家，刻板的事實記錄者。確實，他筆下人物性格自由自在地形成、發展，彷

彿不管作者的態度，並且不完全合作者胃口。他從來不糾纏或強調任何微妙之處或令人憐憫的地方，而是沉著冷靜地一往無前，彷彿那些人物是在他不知不覺中來到那裡的。像親王坐在他兒子的搖籃邊，羅珊娜發現他如何「喜歡看他睡著的樣子」這樣的一點想像，似乎對我們比對他自己意味更加深長。在那篇現代議論文之後，他對自己的離題表示了歉意。那篇論文晦澀難懂，論及傳達重要事務給他人的必要性避免我們像紐蓋特監獄裡的賊那樣會在睡夢中談起此事。他似乎已經將人物深深地印在了腦海裡，把他們描繪得栩栩如生，自己卻不甚明白如何完成的；他像所有無意識的藝術家，在作品中留下許多有待後人挖掘的金礦。

因此，我們對他的人物所作的闡釋可能使他感到困惑。我們為自己發現了他精心掩飾、甚至瞞過自己的內涵。為此，出現了這樣的情況：我們欽佩摩爾‧法蘭德絲遠甚於對她的責備。我們也無法相信，笛福對她的罪過程度上有了準確認知，或者說，他沒有意識到，在考慮被遺棄者的生活時，提出了許多深層次的問題，並且暗示出，如果沒有直接陳述的話，與他表白的信仰全然不符的答案。從他那篇論文「婦女的教育」提供的論據，我們知道，他對自己評價很高的婦女能力問題以及自己無情鞭撻的婦女所遭受的不公問題已經有了深刻的、超越時代的思索。

我常常認為它是世界上最野蠻的習俗之一，我們被認為是文明的基督教國家，但是，我們卻否認學習對婦女有好處。我們每天指責婦女愚蠢、荒謬，我自信地說，如果她們有與我們

平等受教育的優勢，那麼她們受這種指責的機會比我們要少得多。

　　女權的宣導者們可能不會宣稱摩爾‧法蘭德絲和羅珊娜是她們的典範，但是，十分清楚的是，笛福不僅想讓她們就這個話題討論一些十分現代的學說，而且把她們置於環境之中，在那裡，她們特殊的苦難以這種方法展示出來以引起我們的同情。勇氣，摩爾‧法蘭德絲說，是婦女們所需要的，還有那「自立」的能力；那很快就實實在在地顯示出可能產生的益處。羅珊娜，一個同樣的女人，更加巧妙地批駁了受奴役的婚姻。她「開創了世風之光」，商人告訴她，「這是與常規作法完全相反的一種辯論方式」。不過，笛福是最不該為赤裸裸說教而受責備的作家。羅珊娜吸引住了我們的注意力，因為她完全沒有意識到，她會成為女性的楷模，並且因此有權承認，她的部分論點「情調高尚，一開始真不好存在於頭腦裡，一點也不」。對自己弱點的了解以及對那種了解產生的動機進行的誠實的反思，產生了令人滿意的結果：當這麼多問題小說的殉道者和開拓者畏縮不前、束手無策地退到他們各自信條的支撐點時，她卻保持住了青春活力，保持住了人的本性。

　　不過，笛福得到我們的欽佩並不僅僅因為他的一些觀點經證實先於梅瑞狄斯，也不因為他寫的一些場景可能已經被易卜生改成了劇本（奇怪的暗示出現）。無論他對婦女地位抱持何種看法，那都是他的品德主流產生的偶然結果，他論述事物重要而持久的一面，而非過眼雲煙式的瑣細方面。他常常顯得枯燥；他會模仿科學的旅行家那種切合實際的精確，直到我們懷

疑他的筆能否勾畫或者他的大腦能否構想出那甚至缺乏真實託辭來緩解其枯燥的內容。他將全部植物性和大部分人性排除在外。對於這一切我們可能都會予以承認，儘管我們不得不承認他與我們稱之為「偉大」的許多作家一樣也有許多嚴重的不足。但是，那並不損害其餘獨特的優點。由於開頭就限制了範疇和抱負，他獲得了真知灼見，那要比他聲稱作為目標追求的客觀真實更為珍貴、更加經久。摩爾·法蘭德絲及其朋友們把自己託付給他，不是因為她們如我們說的那樣「別具一格，栩栩如生」，也不是因為她們像他申明的那樣是大眾可以從中獲益的墮落人生的實例，而是艱難生活孕育出的那種自然真實性激起了他的興趣。對於她們來說，沒有任何藉口，沒有任何善意的庇護掩蓋得住她們的動機。貧窮是她們的監工，笛福只是口頭上判斷了她們的失敗。但是，她們的勇氣、謀略和頑強卻使他興奮不已。他發現她們的社會充滿有益的話題、令人愉悅的故事、相互間的信任和一種自行制定的道德準則。她們的命運多種多樣，他在自己生活中讚美、欣賞並且驚訝地注視過這些命運。總之，這些男男女女能隨心所欲地公開談論那些開天闢地以來就感動了人類的情感和欲望，甚至他們現在還保持著活力，絲毫未減。分開看待的任何事物都有其尊嚴，連他們在歷史上形成重大作用的金錢這個亙古不變的話題，再不是為了安逸和顯要，而是為了榮譽、誠實和生活本身而突出時，也變得不再可鄙而成為可悲，你可能不同意笛福單調乏味的這個觀點，但千萬別對他沉溺於瑣細小事持反對意見。

他確實屬於那種偉大而樸素的作家，他的作品建立在了解

到人性中什麼是最有韌性的，儘管不是最有吸引力的東西。從洪格福德橋上看到的倫敦景色深深映人他的腦海之中，灰濛濛，莊嚴雄偉，充滿商貿壓抑的騷動，若不是輪船的桅杆、城市的尖塔和穹頂，它會顯得平淡無奇。街角手持紫羅蘭花、衣衫襤褸的女孩，拱門陰影下耐心地攤開火柴、鞋帶飽經風霜的老嫗，好像都是他書中的人物。他屬於克萊伯、吉辛一派，不僅是苛刻學術領域的研究者，而且是學術的締造者和大師。

附錄 2
維吉尼亞・吳爾芙評《魯賓遜漂流記》

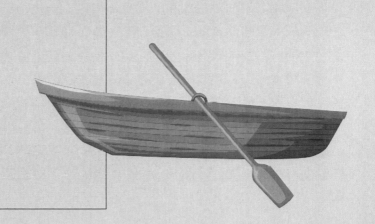

　　對於《魯賓遜漂流記》這樣一部經典作品，人們可以從多種途徑來加以探討。那麼，我們該選擇哪一條途徑呢？首先我們是不是該這麼說：自從西德尼丟下未完成的《阿卡迪亞》在聚特芬去世之後，英國人的生活經歷了巨大的變化，而小說則選定了 ── 或者說不得不選定了 ── 它的發展方向？一個中產階級已經形成；他們能夠閱讀，不僅迫切地要求閱讀王子和公主的愛情故事，而且急於閱讀關於他們自己以及他們平凡生活的細節的書。散文體，經過千百文人之手的操練，已經能完全適應這種需求；它比詩歌體更能夠表現生活的實際。這當然是探討《魯賓遜漂流記》的一種途徑 ── 從小說發展的角度來探討；但另一種途徑也同樣可取 ── 從作者生平這一角度來探討。在傳記這一極為豐富多彩的園地裡，我們可以花費比從頭到尾通讀這本書更多的時間來進行探討。首先，笛福的出生年分就是一樁懸案 ── 究竟是 1660 年還是 1661 年呢？其次，他將自己的名字拼成一個詞還是兩個詞？還有，他的祖先是誰？據說，他曾經做過針織品經銷商；然而，在 17 世紀，一個針織品經銷商算什麼呢？後來，他成為一位小冊子作者，而受到威廉三世的青睞；可是他的一本小冊子卻又使他受到帶枷示眾的處罰並被關進紐蓋特監獄。他早先受僱於哈利，後來又受僱於戈多芬。他是第一個受金錢僱傭的記者，寫過許多小冊子和文章。他還寫了《情婦法蘭德絲》和《魯賓遜漂流記》。他有一個妻子和六個孩子。他身材瘦削，鷹鉤鼻，尖下巴，灰眼睛，嘴角還有顆大黑痣。凡是對於英國文學略知一二的人，無需別人指點，都知道探求小說的發展歷史、考察小說家的下巴

該消磨掉多少時光，甚至耗費多少人畢生的精力。然而，當我們時不時翻閱傳記、翻閱過傳記再翻閱理論，一種疑慮便自然滋生：即使我們知道笛福的確切出生年月，他所愛是誰又因何而愛；即使我們將英國小說從它在埃及孕育（據說如此）直到它在巴拉圭曠野消亡（或許如此）的整個興起、發展和衰亡史都記得一清二楚，難道我們閱讀《魯賓遜漂流記》的樂趣就能增加一分、對它的理解就能深入一層嗎？

因為，只有書籍本身才會長久留存於世。在與書本的接觸中，不管我們繞多少圈子，耍多少花招，最終等待我們的還是一場單獨的較量。作者和讀者首先得達成一筆交易，然後才有可能做成進一步的買賣；而在這私下的交流中，如果有人在一旁提醒說，笛福曾經賣過襪子，他有棕色的頭髮，曾帶枷示眾，這實在是讓人感到分神和厭煩之舉。我們的首要任務——這個任務往往是非常艱巨的——就在於掌握作者的視角。我們必須了解小說家是怎樣安排他筆下的世界的；須知那些批評家強加給我們的關於那個世界的種種修飾，傳記家尤為關注的作者的冒險經歷，對我們來說不過都是毫無用處的資訊。我們必須完全靠自己爬到小說家的肩膀上，透過他的目光來觀察世界，直到我們自己也能理解，小說家是按照怎樣的順序來安排他們要觀察的普遍而重大的素材的：人類和人們，他們背後的大自然，以及凌駕於他們之上、為簡便起見我們可以稱之為上帝的那種力量。不過，混亂、誤解和麻煩隨即由此產生。有些事物，在我們看來是如此簡單，而一旦經由小說家以其獨特的方式將它們互相串聯起來，就有可能變得誇張而怪異

甚至無法辨認了。實際情形恐怕確實如此：儘管人們摩肩接踵生活在一起，呼吸著同樣的空氣，但他們觀察世界的比例感卻往往大相徑庭：在一個人眼裡，人類是偉大的，樹木是渺小的；而在另一個人眼裡，樹木是巨大的，人類只不過是映襯於大背景下的無足輕重的小玩意。因此，不管教科書裡怎麼說，作家們或許生活在同一時代，但他們眼中的世界各各不同。例如，在司各特眼裡，山峰巍然屹立，因而他筆下的人物也形象高大；珍‧奧斯丁摘取茶杯上的玫瑰花與人物的妙語連珠相映成趣；而皮柯克卻以哈哈鏡的目光來俯瞰天地之間的一切，結果一隻茶杯看起來像維蘇威火山，而維蘇威火山看起來像一隻茶杯。可是，司各特、奧斯丁和皮柯克卻生活在同一時代，他們看到的是同一世界，在教科書裡他們又作為一個整體出現在文學史的同一章節裡。他們的不同之處就在於各自的視角不同。因此，只要我們能牢牢掌握這一點，最終就一定能贏得這一場較量；只要我們能保持與作者的親密關係，我們就一定能夠享受批評家和傳記家慷慨地給予我們的種種樂趣。

但是，正是在這，許多困難浮現出來。因為我們看世界有我們自己的視角，這種視角又是在我們的經驗和偏見中形成的，它自然跟我們自己的自負與愛好緊緊連繫在一起。假如有人要什麼花招，打亂我們內心的和諧和寧靜，我們就不可能不感到傷害和侮辱。因此，《無名的裘德》（*Jude the Obscure*）或普魯斯特的某卷新作剛剛問世，報紙上就滿是抗議之聲。切爾滕納姆有一位吉卜斯少校說，如果生活真的像哈代所描繪的那樣，那他馬上就用一顆子彈擊穿他的腦袋；漢普斯特德有一位

韋格斯小姐肯定會提出抗議，儘管普魯斯特的藝術精妙絕倫，但感謝上帝，現實世界跟一位反常的法國人的歪曲毫無共同之處。這位先生和這位女士都試圖操縱小說家的視角，使之相似於並強加上他們自己的視角。但是，那些偉大的作家 —— 像哈代或普魯斯特 —— 可不管私有財產的權利，而繼續走他們自己的路。他們揩去額頭上的汗水，從一片混沌之中清理出頭緒：在這種樹，在那放人；隨著自己的意願，讓神的雕像或隱身於遠處，或出現在近前。在那些視角明晰、條理清楚、可以稱之為傑作的書裡，作者總是毫不留情地將他自己的視角強加給讀者，往往使我們感到非常痛苦 —— 由於內心平衡被打破，我們的自尊心受到了傷害；由於舊的精神支柱被扭曲，我們感到恐懼莫名；我們還感到厭倦 —— 從一個全新的概念裡我們又能汲取什麼歡樂和愉悅呢？然而，正是從這種痛苦、恐懼和厭倦中，有時候偏偏會產生出一種罕見而持久的樂趣。

《魯賓遜漂流記》或許就是一個典型的例證。它算得上是一部傑作。而它之所以成為一部傑作，很大一部分原因就在於笛福自始至終堅持以自己獨特的視角來審視一切。因為這個緣故，他讓我們處處受到挫折和嘲弄。讓我們先大體地、隨意地看一看這本書的主題，然後再將它和我們的預先構想比較一番。我們知道這部小說講的是關於一個人在經歷了種種危險和奇遇之後，又被孤零零地拋到一個荒島上的故事。一提起危險、孤獨、荒島，就足以讓我們想像出在天的盡頭有一片遙遠的土地，在那裡，日出日落，人在與人世隔絕之後對社會的本質以及人們古怪的生活方式陷入孤獨的沉思。就這樣，在打開

書本之前，或許我們就已經把我們期待它可能給予我們的樂趣大致勾勒出來了。於是，我們便開始閱讀；但是，每一頁都毫不客氣地與我們的預期相牴觸。在那裡，並沒有什麼日落日出，並沒有孤獨的沉思冥想。相反地，赫然出現在我們面前的只是一個碩大的陶土罐子。也就是說，作者只告訴我們，故事發生的時間是 1651 年 9 月 1 日，故事的主角名叫魯賓遜‧克魯索，他的父親身患痛風症。既然如此，很顯然，我們就得改變我們的態度。在下面的章節裡，現實、細節和物質主宰著一切。我們必須趕緊改變我們的視角；大自然得脫下它華貴的紫袍，它帶來的只不過是乾旱和水災；人類淪落為為求生存而掙扎的動物；而全能的上帝則成了束手無策的小官吏，祂的領地 ── 實實在在而勉勉強強 ── 只不過稍稍高於地平線而已。為了尋求三大基本透視點 ── 上帝、人類、大自然 ── 的相關資訊，我們的每一次嘗試突破，都被書中扳著面孔的尋常描寫頂了回來。魯賓遜‧克魯索想起了上帝：「有時候我獨自思忖：為什麼上天要如此毀滅掉祂親手創造的全部生靈？……但總有一個聲音告誡我不應該有這樣的想法」 ── 您瞧，上帝不復存在了。於是，祂又想到大自然，原野裡「裝扮著花花草草，到處是美麗的樹林」。但值得注意的是林子裡棲息著成群的鸚鵡，牠們可以被馴養，學說話 ── 您瞧，大自然不復存在了。祂還想到那些死者，祂親手殺掉的那些死者。眼下最緊要的就是趕快將他們埋起來，因為「他們在烈日下曝晒，很快便會不堪入目」 ── 您瞧，死亡也不復存在了。至此，除了那個碩大的陶土罐子，一切都不復存在。也就是說，最終我

們不得不放棄我們自己預設的構想，去接受笛福希望給予我們的一切。

讓我們重新回到小說的開篇：「1632年，我出生於約克市一個有教養的家庭。」沒有比這樣的開頭更普通、更樸實的了。看到這樣的開頭我們馬上就會清晰地聯想到，如此井井有條、勤勤懇懇的中產階級生活該是多麼的美好。我們確信，再沒有比出生於中產階級之家更幸運的了。那些顯赫之家和貧寒之家都讓人覺得可憐，他們都會心態失衡，局促不安。只有處於卑賤和高貴之間的中間地位才算得上最佳。那些中產階級的優點 —— 節制、溫和、寧靜和健康 —— 才是最令人嚮往的。那麼，當一個中產階級子弟被厄運所驅使，竟然傻裡傻氣地迷上歷險時，那該是多麼令人遺憾的事！於是，主角就平鋪直敘地往下寫，一點一點地繪出他自己的畫像，讓我們永遠不能忘懷 —— 他同樣永遠不會忽略這一點，在我們心上留下不可磨滅的印記：他的精明，他的謹慎，他對秩序、舒適和體面的愛好。讀著讀著，不知不覺之中，我們發現我們自己也到了海上，處於驚濤駭浪之中；而且，我們也開始用魯賓遜·克魯索的目光來看待眼前的一切。波濤，水手，天空，船隻 —— 一切都是透過那雙精明的、現實的、中產階級的眼睛觀察出來的。什麼都逃不過他那雙眼睛。天地間的一切都按照呈現在那雙天生的謹慎、精明、傳統、實際的眼中的那個樣子，呈現在我們的面前。他不可能充滿激情。對於大自然的莊嚴雄偉，他有著一絲天生的厭惡。他甚至懷疑造物主過分誇張。他太忙了，只著眼於主要的事，因此對周圍發生的事只注意到十分之

附錄 2　維吉尼亞・吳爾芙評《魯賓遜漂流記》

一。他確信，一切事物都能得到合理的解釋，只要他有時間注意牠們。看到那些「龐然大物」深夜游過來包圍住他的小船，我們比他還要驚慌。他馬上端起槍朝牠們開火，牠們隨即游跑了——至於牠們究竟是獅子還是別的什麼，他也確實說不上。就這樣，我們越來越相信，直到有一天，我們對一切奇聞怪事都不假思索地信以為真；而這些奇聞軼事，如果讓一個想像力豐富、夸夸其談的旅行者講給我們聽的話，我們本會嗤之以鼻。但是這一位剛毅的中產階級人物所注目的每一件事我們都可以看做是確有其事。他老是在計算他的那些木桶，並且採取合乎情理的措施來維持淡水供應。我們幾乎不可能發現他在細節描寫方面有什麼差錯。我們感到奇怪：難道他忘掉了他將一大塊蜂蠟留在了船上？不，絕對沒忘。不過，既然他做了不少蠟燭，那塊蜂蠟在第 38 頁自然要比在第 32 頁時小了不少。即使出乎意料，他的書中出現個別未能合理解釋的、前後不一致的地方——例如，不光野貓那麼服服貼貼，為什麼連山羊也是那麼怯生生的呢——我們也不會為此而感到不安，因為我們確信，只要有時間，他就會說出其中的緣由給我們聽，或許還是個相當精彩的理由。但是，一個人在荒島上孤軍奮鬥，這種生活的壓力確實不是一件好笑的事！但也確實不是一件非哭不可的事！一個人必須關注一切。當電閃雷鳴可能引起火藥爆炸的時候，當務之急是要為火藥尋找一個安全存放的地方，又哪有閒情逸致來欣賞大自然的壯觀景象呢？就這樣，透過忠實地敘述他所面臨的真實情況——憑藉一個大藝術家的藝術敏感，有所摒棄，有所突出，以凸顯他最大的長處，那

就是真實感 —— 他終於能將平常行為寫得高貴優雅，將平常事物寫得美妙動人。挖掘土地、烘烤食物、種植莊稼、建造房舍 —— 這些簡單的工作在小說家的筆下顯得多麼莊嚴凝重！短斧、剪刀、圓木、大斧 —— 這些尋常的物體在小說家的筆下變得多麼美妙動人！小說不被議論所左右，故事情節以恢宏而質樸的風格繼續展開。話說回來，難道議論就能使小說更加動人？確實如此，他走的是跟心理學家截然相反的方法 —— 他所描述的是情感對於軀體，而非情感對於心靈的影響。但是，當他說在那痛苦的瞬間，他雙手攥緊足以捏碎任何柔軟的東西的時候，當他說「我的上下牙齒緊緊咬合在一起，一時無法分開」的時候，這種效果給人印象之深就跟整頁整頁的心理分析差不多。在這方面，他個人的直覺是準確的。「讓博物學家去解釋這些事物，說出其中的緣由和方式吧」他說道，「對於這些事物，我所能做的只不過是描述事實罷了。」當然如此，假如你是笛福的話，把事實描述出來也就夠了；因為這種事實是真實存在的事實。在描述真實的天賦上，笛福可以跟散文大家相媲美，簡直無人可以企及。「清晨，一片灰濛濛」 —— 寥寥數語，就生動地描繪了一個多風的黎明。對孤獨淒涼的感嘆，對許多人死亡的感嘆，作者是以如此極為平淡的方式表述的：「從此以後，我再也沒有見過他們，或者他們的蹤跡 —— 除了三頂禮帽、一頂便帽和兩隻配不成對的鞋子。」最後，他大聲說道：「瞧呀！我就像個國王一樣單獨用餐，我的僕役們（他的鸚鵡、狗和兩隻貓）隨侍在側。」讀到這裡，我們不禁感到似乎整個人類都孤獨地待在這個荒島上 —— 不過，笛福有

辦法在我們的熱情澆點涼水，他馬上告訴我們，那兩隻貓不是從船上帶來的。船上帶來的早就死了，這兩隻是新來的。事實上，由於貓的繁殖力極強，不久貓便成了島上的麻煩；而狗卻奇怪得很，竟然沒有繁衍後代。

　　就這樣，透過一再將那個普普通通的陶土罐子放在最突兀的位置，笛福終於引導我們看到那些遙遠的島嶼和人類孤寂的靈魂。他固執地相信那確實是一個用泥土做的結結實實的罐子，這就使其他一切因素都服從於他的意圖 —— 他已經用一根線將整個宇宙和諧地串在一起了。因此，當我們合上這本書的時候，就不禁要問：這個普普通通的陶土罐子，一旦我們能掌握其特殊的視角，就像在星光閃爍的天空、高低起伏的山巒、波濤洶湧的海洋的背景下，人類帶著無盡的尊嚴巍然屹立，我們還有什麼理由不感到完完全全的滿足呢？

官網

國家圖書館出版品預行編目資料

瘟疫文學鼻祖笛福：從商卻破產、寫反動文被關、一部《大疫年紀事》引發社會動盪，《魯賓遜漂流記》作者跌宕起伏的一生 / 威廉·明托（William Minto）著，孔寧 譯 . -- 第一版 . -- 臺北市：崧燁文化事業有限公司，2023.02
面；　公分
POD 版
譯自：Daniel Defoe
ISBN 978-626-357-034-4(平裝)
1.CST: 笛福 (Defoe, Daniel, 1663-1731.) 2.CST: 傳記
784.18　　111021162

瘟疫文學鼻祖笛福：從商卻破產、寫反動文被關、一部《大疫年紀事》引發社會動盪，《魯賓遜漂流記》作者跌宕起伏的一生

臉書

作　　　者：[英] 威廉·明托（William Minto）

翻　　　譯：孔寧

發 行 人：黃振庭

出 版 者：崧燁文化事業有限公司

發 行 者：崧燁文化事業有限公司

E-mail：sonbookservice@gmail.com

粉 絲 頁：https://www.facebook.com/sonbookss/

網　　　址：https://sonbook.net/

地　　　址：台北市中正區重慶南路一段六十一號八樓 815 室

Rm. 815, 8F., No.61, Sec. 1, Chongqing S. Rd., Zhongzheng Dist., Taipei City 100, Taiwan

電　　　話：(02)2370-3310　　　傳　　　真：(02) 2388-1990

印　　　刷：京峯彩色印刷有限公司（京峰數位）

律師顧問：廣華律師事務所 張珮琦律師

定　　　價：350 元

發行日期：2023 年 02 月第一版

◎本書以 POD 印製